歴代自民党総裁Ⅰのリーダーシップ

―総裁代行委員～第四代総裁―

浅野一弘 編著

学文社

執筆者（執筆順）

藤本　一美　専修大学名誉教授（第一章）
*浅野　一弘　日本大学法学部教授・札幌大学名誉教授（第二章）
吉田　則昭　立正大学人文科学研究所研究員（第三章）
高橋　博子　奈良大学文学部教授（第四章）
竹中　達哉　北海道新聞報道センター記者（第五章）
藤村　一郎　鹿児島大学総合科学学域総合教育学系准教授（第六章）
瀧川　修吾　日本大学危機管理学部准教授（第七章）

*は編者

はしがき

日常生活においても、リーダーシップという語は、さかんにつかわれているのではなかろうか。そのことは、「高校時代は、生徒会長としてリーダーシップを発揮し、『生活体験発表全国大会』に出場して奨励賞を受賞するなど学生生活を謳歌(おうか)」(『読売新聞』〔和歌山版〕 二〇〇五年三月九日：三五)や「集合住宅の管理運営の鍵は、強いリーダーシップを持つ人です」(『朝日新聞』 二〇二〇年四月一八日：一三)といった新聞記事をみても明らかだ。現に、『政治学事典』の「リーダーシップ」の項目をみても、そこには、「日常語としてひろく使用される言葉で、指導権、指導的地位、指導者としての能力、指導関係など多様な意味をふくむ」(傍点、引用者)との記述がある(丸山 一九五四：一三六四)。このように、リーダーシップというワードは、「指導のさまざまな局面を包括した概念」であるからこそ、訳語ではなく、「リーダーシップという原語のまま使用されているということもできる」のかもしれない(阿部 一九九一：五六)。ちなみに、「リーダーシップ(leadership)の概念には、集団内のある者が他者に先んじて何事かをするという意味が含まれている」のであって、「リーダーとは、他者に先んじて何事かをすることによって、集団の状態を変えようとする者のことだといってもよい」そうだ(山川 一九八一：八八)。

当然のことながら、「少なくとも個人が他者に対してなんらかの働きかけをし、その他者に影響を及ぼす過程が存在しないところにリーダーシップは存在しない」(三隅 一九六六：六八)。もちろん、「リーダーシップを欠いた場合、政治は十分にその機能を遂行することはできない」が(堀江 一九八〇：四八)、現代社会においては、「強力なリーダーシップを発揮しようとする指導者は、多くの場合国民からは猜疑の眼でみられるし、反対勢力は国民の猜疑心を利用して、こうした指導者を非難するのが普通」であるため、「指導者が有効なリーダーシップを発揮することも必ずしも容易ではない」とされている（有賀・阿部・斎藤　一九九四：一〇八）。とはいえ、そうしたなかでも、「リーダーは、一方で、環境からの挑戦を克服しながら、本来の目標・目的の実現につとめ、その一方で、メンバーからの真の貢献を獲得し、メンバーの自我解放を実現しなければならない」（岡沢　二〇一一：一二四）。

しかし、日本の場合、政・官・財界をみても、「新奇なアイディアを生み出す創造力や決断力よりも組織管理・経営能力、秩序維持能力が優先される」ので、「リーダーは管理の論理に走りやすい」。そのうえ、「環境圧力への対応よりも組織内圧力への対応を重視する傾向がある」ため、「果敢な決断力よりも内に向けての人の和、義理・人情、人心掌握を重視しようとする」ようだ（岡沢　二〇一一：一二五）。事実、政界に焦点をあてても、「政府・与党は派閥均衡によって運営されてきた」こともあって、「池田内閣から鈴木内閣までは、首相のリーダーシップは一般的にいって多元主義モデルを前提にした調整型であった」とされる（伊藤　二〇〇一：一八七および一九二）。したがって、少なくとも、ある時期までの歴代自由民主党（自民党）総裁のリーダーシップを考察するうえで、同党内の派閥の動向は無視できない。派閥間の抗争はもちろん、派閥内での対立の構図についても注目することの意義は大きいといえよう。現に、「最近の社会学では民衆の日常生活のなかから発生する第一次集団や、既存の組織化された集団の内部に形成される非合理的な集団現象（たとえば何何派とか何何閥とかいわれるもの）にいちじるしい関心をしめしているが、こうした非公式集団のリーダーシップの研究は現代政治の実態分析にもきわめて重要な意味をもつている」との指摘もあるほどだ（丸山　一九五四：一三六六）。くわえて、派閥の存在だけでなく、族議員の動きにも着目する必要があろう。なぜなら、とりわけ、五五年体制下、「個別の利益を代表する族議員は、首相が広範な利益に訴えようとする際にしばしば障害となる」事例がみられたからである（久米　二〇一一：一二二）。

ところで、さきにふれた「多元主義モデルを前提にした調整型」というのは、「インパクトが発生する」と、「関係省庁に対応策の立案を命じる」こととなり、その後、「自民党の機関を通す」作業をしたうえで、「閣議で決定する」という《伝統型》を意味する。だが、中曽根康弘のケースでは、「首相のもとでとるべき対応・政策についてあらかじめなしする」→「公的または私的な諮問機関を設け対応・政策を諮問する」→「諮問機関の審議—答申の過程で、世間に向けて対応・政策の正当性を発信する」→「党の機関、政府の機関（閣議）にかけ、対応・政策を正式に決定する」という、〝あたらしい〟パターンがみられたとの声もある（石川・広瀬 一九八九：二三四—二三六）。換言するならば、「大統領型首相」とされた「中曾根首相のリーダーシップの一面は多元主義に挑戦するもの」であったというわけである（伊藤 二〇〇一：一八八および一九二）。

このように、五五年体制下であっても、リーダーシップを発揮する手法にちがいがみられる。また、五五年体制崩壊後では、小選挙区比例代表並立制の導入や経済財政諮問会議の設置などによって、小泉純一郎のリーダーシップはきわだっていたとの指摘もなされている（たとえば、内山 二〇〇七：一八二—一九五を参照）。とはいえ、五五年体制下であろうと、五五年体制崩壊後であろうと、党内力学や総裁個人のパーソナリティなどによって、リーダーシップは千差万別であるといって過言ではない。(1) それゆえ、『歴代自民党総裁のリーダーシップ』においては、総裁代行委員の時代から、おのおののリーダーを取り上げ、その政治手法について検証し、それぞれのリーダーシップの特色を描きだそうとしている。

最後になるが、学問的には、「当初、リーダーシップ能力に関しては、リーダーとなる個人的特性との関連に着目された」ものの、「その後はリーダー個人だけではなく、集団活動に関わる状況と、リーダーシップの機能についての研究が進められた」ようだ（フェルドマン 二〇〇〇：一一二七）。(2) そうしたなかで、伝統的、代表的（制度的）、投機的、創造的という四つのタイプにリーダーシップを分類する見解もでてきていることを付言しておきたい（くわしくは、高畠　二〇一二：二三三―二四〇を参照）。

二〇二三年七月吉日

編著者　浅野　一弘

注

（1）たとえば、政治学者の信田智人は、歴代首相のリーダーシップを「政界内の政治力に頼るリーダー」をあらわす《安定基盤型》、「世論など政界外に訴える」ことをおこなう《ビジョン型》、「政権の座を犠牲にする」覚悟でとりくんだ《神風特攻型》、「決断力が乏しく政策を遂行できない」かたちの《優柔不断型》という四つのタイプに分類している（信田　一九九六：二〇四―二〇五）。

（2）なお、リーダーシップについては、「主として経営学や心理学の領域において、多種多様な数多くの成果が提示されている」そうだ（石井　二〇〇四：三）。

参考文献

阿部斉（一九九一）『概説　現代政治の理論』東京大学出版会。

有賀弘・阿部斉・斎藤眞（一九九四）『政治―個人と統合―』〔第二版〕東京大学出版会。

石井貫太郎（二〇〇四）『現代臨床政治学シリーズ1　リーダーシップの政治学』東信堂。

石川真澄・広瀬道貞（一九八九）『シリーズ〔日本の政治〕　自民党』岩波書店。

伊藤光利（二〇〇一）「制度と過程I」村松岐夫・伊藤光利・辻中豊『日本の政治』〔第二版〕有斐閣。

内山融（二〇〇七）『小泉政権』中央公論新社。

岡沢憲芙（二〇一一）「リーダーシップ」岡沢憲芙編『演習ノート　政治学』〔第五版〕法学書院。

久米郁男（二〇一一）「執政部」久米郁男・川出良枝・古城佳子・田中愛治・真渕勝『政治学』〔改訂版〕有斐閣。

信田智人（一九九六）『官邸の権力』筑摩書房。

高畠通敏（二〇一二）『政治学への道案内』講談社。

フェルドマン、オフェル（二〇〇〇）「リーダーシップ1」猪口孝・大澤真幸・岡沢憲芙・山本吉宣・リード、スティーブン・R編『政治学事典』弘文堂。

堀江湛（一九八〇）「政治生活を貫くもの」堀江湛編『新NHK市民大学叢書四　政治学のことば』日本放送出版協会。

丸山真男（一九五四）「リーダーシップ」下中邦彦編『政治学事典』平凡社。

三隅二不二（一九六六）『新しいリーダーシップ—集団指導の行動科学—』ダイヤモンド社。

山川雄巳（一九八一）「政治指導」福島徳寿郎編『講義　政治学』青林書院新社。

目　次

第五章　石橋湛山（第二代総裁）――良心を貫いたリベラリスト――……115

第六章　岸信介（第三代総裁）――ナショナリズムとリーダーシップ――……139

第一章　三木武吉（総裁代行委員）
――保守合同の立役者――

問題の所在

一般に、アジア・太平洋戦争終了後の日本政治史の分水嶺として、三つの事例が特に重要だと考えられる。第一は、一九五一年九月八日に締結され日本の独立を決めたサンフランシスコ平和条約と日米安保条約の締結。第二は、一九五五年一一月一三日の社会党統一と同年一一月一五日の保守合同＝「一九五五年体制」の成立。そして第三は、一九七二年五月一五日の沖縄の日本への返還である。その他に、中曽根康弘首相時代の国鉄民営化や小泉純一郎首相時代の北朝鮮による拉致問題なども、戦後日本政治史を検討する場合、重要な事例であるといえるが、前者の三事例は戦後日本の政治構造の基本を形成したという点で、極めて重要である。とりわけ「一九五五年体制」の成立は、現在の日本政治の基本的枠組みを形作ったという意味で、留意すべきである。本章では、一九五五年一一月一五日に達成された自由党と日本民主党との合同、すなわち、「保守合同」の成立に焦点を合わせ、その立役者の一人と目されている、三木武吉の政治的活動と立場を検討する。

三木に関する先行研究は三つの類型に分けられる。一つは、三木の一生を概観した歴史研究である（三木会　一九五八、重盛　一九五六、内田　一九八一）。二つは、保守合同の際の三木の政治活動に焦点を合わせた事例研究である（新井ほか　一九九五、遠藤　二〇一四、小宮　二〇一〇および二〇二一）。三つは、他の政治家や時代との比較研究である（楠　二〇〇五a、佐賀　二〇一九）。

保守合同とは、戦後の一九五五年一一月一五日、自由党と日本民主党の合同により日本で最初の単一保守政党として「自由民主党」（以下、自民党と略す）を結成したことを指す。その後、自民党は一時期を除いて、一貫して政権の座に君臨してきたという点で、他の国でも例をみない政党である。自民党の結成にあたり、サブ・リーダーとして強力な「政治的指導力」（ポリティカル・リーダーシップ[1]）を発揮したのが、三木、大野伴睦、河野一郎、岸信介、緒方竹虎らであり、彼らに担がれて、自民党の初代総裁の椅子に座ったのがトップリーダーの鳩山一郎に他ならない。

以下では、若き日の三木の経歴と政治活動を概説し、次いで、三木の政治的立場を検証する。後半では、三木が有権者に政局動向と自身の政治的立場をどのように説明していたかを確認するため、選挙公報の紹介を試みる[2]。

第一節　三木武吉と政治的活動

（一）　若き日の三木武吉

まず、三木の生涯を概観する。日本政治史の専門家には常識であっても、一般の人びとにとって三木はいかなる政治家であったか不明であるからだ（内田　一九八一：一二）。

三木は一八八四年八月一五日、香川県の高松市外磨屋町に生まれた。一九〇四年、東京専門学校（早稲田大学の前身）を卒業する。日銀に入り門司支店に勤務中、日露講和反対市民大会で熱弁をふるい辞職。一九〇七年、二度目で高等文官試験に合格、司法官試補四ヵ月で退職後、原嘉道法律事務所に入り弁護士となる。一九一三年、東京市会議員に当選し、一九一六年、憲政会に入党する。一九一七年、第一三回衆議院議員総選挙で初当選（戦前七回、戦後四回当選）。野次将軍で鳴らし一九二四年一月、憲政会幹事長となる。八月、加藤高明内閣の下で大蔵参与官に就任する。政友会独占の東京市会では市政刷新同盟を結成して牛耳り、機知縦横の活躍で「大御所」と称された。一九二八年、京成電車乗入汚職事件に連座し、一九三五年、大審院最終判決で禁固三ヵ月が確定。その後、衆議院議員を辞して事業に専念するが一九三九年、報知新聞社の社長に就任する。一九四二年、翼賛選挙に非推薦で当選、政界に復帰した。一九四五年、敗戦後、日本自由党創設に参画し、一九四六年、衆議院議長に当選したが、就任直前に公職追放され、香川県小豆島に隠棲。五年後の一九五一年、追放解除されて自由党に復帰する。一九五二年、鳩山一郎を擁して反吉田運動を展開した。一九五四年、分党派自由党（分自党）、日本自由党（日自党）を経て、日本民主党を結成、総務会長に就任。一二月、鳩山内閣が成立する。一九五五年一二月の衆議院議長選では敗退の憂き目にあう。一一月に自由民主党を結成し、総裁代行委員の一人となる。一九五六年七月四日東京で死去。享年七一であった。

三木会の『三木武吉』によれば、三木の特色を次のように記述している（三木会　一九五八：三）。

明治十七年八月十五日、三木武吉は香川県高松市で生れた。その生涯を通じて政界の闘将といわれ、怪物扱いをされ、ある時は野次将軍とアダ名され、ある時はタヌキといわれ、一大の術策家、権謀政治家として恐れられ、あるいは慴伏し、あるいは急進し、政党政治の表街道と裏小路とを、こもごも歩いた四十余年の異色ある政治家三木武吉、そして遂に終戦後の混迷した政界を大整理して、保守政党合同の立役者の舞台を華やかにつとめ上げ、昭和三十一年七月四日午前六時五分、東京目黒の自宅で往生をとげた三木武吉は、このような日本の大変革期に生れて、再び巡り来た終戦後の変革期にまで及んだ一生であった。[3]

これが、その後の三木像を形成する原型（プロトタイプ）となった。だが、実像はどうであったのか。

三木は、骨董屋・三木古門とアサの長男として、高松市に生まれ、兄妹は七人であった。高松中学（現、香川県立高松高等学校）二年の時、うどん食い逃げ事件の首謀者として退校処分となり、京都の同志社中学（現、同志社高等学校）に転じたが病気（胃潰瘍）で帰郷している（三木会　一九五八：二一―二二）。

一九〇一年、健康を回復した三木は、上京し大成中学への編入を経て、東京専門学校（早稲田大学の前身）に入学した。一九〇四年の卒業後は、早稲田大学図書館の創設事務員、日本銀行行員、および衆議院臨時職員などの職に就いた（内田　一九八一：五）。

一九〇七年、高等文官試験に合格、東京地方裁判所司法官補に任じられた。しかし、裁判官の道は性が合わないと考え退職、原法律事務所に入り弁護士となる。同年、恋仲だった天野かね子と結婚した。数え年二四歳の時であった。原事務所での三木は凡帳面な法律家というよりも、国家を論じ天下を断じる大言壮語型の弁護士であった。弁護士としての業務には熱心でなく、法規と首ッ引きの法律家のなかでは、「法螺吹き」の扱いを受けたことさえあった（三木会　一九五八：二一―二二、三三）。

若き日の三木は散々であった。中学校は三回転校を余儀なくされ、初めて上京し、父の知人の紹介で星亨法律事務所の書生になったが、その翌日星が暗殺されてしまったからだ。そこで、製本屋などでアルバイトをしながら生活をつないだ。その間、父の古門と母のアサは三木に送金している。

大学生時代、三木は山縣有朋首相の邸宅（椿山荘）の門前で、夜な夜な藩閥政治の非を訴えて演説をしていた。その演説を聞いた寺内正毅（陸軍大臣、後に首相）は、「うぬ、狂人か、面白いゾ、狂人でもなかなか筋の通ったことをいうワイ」と語ったという（三木会　一九五八：二一―二二、三三）。三木には、政治家としての弁舌素質が備わっていたのであろう。

(二) 新進政治家・三木武吉

三木が政治家を志したきっかけは、大隈内閣の発足した一九一四年四月、恩師の鈴木喜三郎(検事、早稲田大学講師)が法務次官になった晴れ姿をみた瞬間だったようだ(三木会 一九五八:一〇六、内田 一九八一:六)。

三木は一九一三年、政治家として牛込区(現在の新宿区)議会議員からスタート、次いで衆議院総選挙に立候補するが落選してしまう。一九一六年、憲政会に入党し、翌年の一九一七年の総選挙で衆議院議員に初当選する(戦前は区会議員と衆議院議員を兼ねることができた)。三三歳の時である。

なぜ、三木は故郷の香川県の高松市から出馬しなかったのか。理由は次のようである。

「三木は帝都を制する者は国を制すだよ、などと答えているが、当時の香川県では、まだ三木の出番は来ていなかった」のだ。当時の香川県ではベテランの政治家たちがひしめいており、三〇歳になったばかりの新進の三木を受け入れるには、高松地方の選挙基盤は因縁や情実の網の目が張られて割り込むすきはなかった。加えて、約一五年間にわたり、学生時代からずっと東京にいる三木にしてみれば、住んでいる牛込を拠点にして出馬ということになったのも自然であった(三木会 一九五八:一〇八)。

三木は一九一七年には「牛込区会民」会長となって区政の主導権を握った。この牛込区を足場に同年四月の総選挙で衆院初当選を果たしたのだ。なお、その前年、三木は憲政会に入党している。だが、当時野党であった憲政会は「苦節の一〇年」の状態で、三木の議員活動も、鋭い弁舌と機知に富む野次で戦う政府攻撃の方に重点が置かれた(内田 一九八一:六―七)。

衆議院議員に当選した三木は頭角を現して舌鋒鋭く政府を批判し、〝野次将軍〟の名をほしいままにした。一九二〇年六月二九日に開会された第四三回帝国議会で、原敬内閣の高橋是清蔵相(愛称はダルマ)が海軍予算を説明中、

「陸海軍共に難きを忍んで長期の計画と致し、陸軍は十年、海軍は八年の…」といいかけるや「ダルマは九年」と飛ばして議場を沸かせた（三木会　一九五八：一四三―一四四）。

三木は一九二四年一月、憲政会幹事長に就任する。当選二回、政界入りして七年目のことである。数え年四一歳の時だ。当時は「第二次護憲運動」が燃え上がっており、三木は護憲運動の中心となって活躍していた。憲政会・政友会・革新倶楽部三派は五月の総選挙で大勝利し、六月、加藤護憲三派内閣が成立した。選挙での功績が認められた三木は浜口雄幸蔵相の下で、大蔵参与官に就任、第二次加藤内閣と若槻礼次郎内閣まで二年六ヵ月在任した。なお、三木が内閣の公職に就いたのはこれが一度きりで、大臣職はすべて辞退している（三木会　一九五八：一五四―一五七、重盛　一九五六　二五九―二六〇）。

この間、三木は東京市政にも深入りし、一九二二年、東京市会議員に当選をはたす。大正末期から昭和初年にかけて、政友会の鳩山に匹敵する市政の大ボス―黒幕となり、東京市政の「大御所」と称されていた（三木会　一九五八：一七五）。

三木の政治家としての活動は絶頂期を迎えた。しかし、一九二八年、京成電車乗入汚職事件に連座し、有罪判決を受け一時政界を去る。その後、金・銀の採掘事業などに専念する一方、一九三九年には、報知新聞社社長に就任している（内田　一九八一：九）。

三木が政界から離れた前後から、日本は急速に軍国主義化の道を辿る。一九四〇年には、全政党が解党され、同年一〇月「大政翼賛会」が発足、一九四一年には、「翼賛議員連盟」が結成された。翌一九四二年四月、衆議院議員総選挙＝「翼賛選挙」では、「翼賛政治体制協議会」の推薦制がとられ、非推薦候補者には妨害・弾圧が加えられた。この総選挙には、三木は非推薦で香川県から出馬して当選した。出馬の理由ははっきりしないが、日本の危機を憂いて五八歳にして再び政界に復帰したのだろうか。[4] この時、戦後同志となる鳩山、河野らも非推薦で当選している。戦前、鳩山は政友会、三木は民政党の幹部であり、お互いに敵同士であったものの、戦時中はともに軍部に抵抗するリベラル派の政党人として東条英機の軍国体制に対抗した。その際、鳩山と三木は将来「鳩山は総理大臣、三木は衆議院議長」と約束した逸話がある（鳩山　一九五七：三四）。

（三）　軍師・三木武吉

一九四五年八月一五日、日本は敗戦をむかえる。三木は一一月九日、日本自由党の創立に参画した。結党直後の自由党は、三木と河野の二人によって仕切られていた、という（楠　二〇〇五a：一〇九）。一九四六年四月一〇日、総選挙で自由党は第一党に躍進し、鳩山内閣の成立が現実味を帯びてきた。だが、五月四日、鳩山は組閣直前に公職追放され、内閣成立は頓挫する。その鳩山に総裁職を委託されたのが幣原喜重郎内閣の下で外相であった吉田茂である。五月二二日、第一次吉田内閣が発足した（吉田　一九五七：一三六―一三八）。[5]

吉田は戦前の外交官時代に、政党が軍部に恭順したことに嫌悪感を抱いていた。そのため、自由党幹部の河野や三木らに何等相談せず人事を断行した。これに反発した自由党執行部内では、吉田総裁を除名すべしとの批判の声が噴出した。だが、三木はもし吉田首班を認めない場合、総司令部が直接政治に乗りだす可能性もあるといって党内世論の沈静化に努めた。ただ、三木自身も第一次吉田内閣成立の二日後、一九四六年五月二四日に公職追放されている。追放の理由は、報知新聞社長時代に戦争をあおり謳歌したというものだ。三木は、五月一六日に衆議院議長に当選したばかりであった（三木会　一九五八：三〇三―三〇五、楠　二〇〇五a：四八）。

五年後の一九五一年六月二〇日、三木は公職追放令を解除され、鳩山、河野らと共に吉田内閣打倒に動き出す。自由党に復帰したものの、自由党は吉田直系の佐藤栄作、池田勇人ら「官僚派」で固められ、「鳩山復帰後は総裁を譲るという約束」は反故にされていた。そこで、鳩山、三木、および河野らは新党結成を目指した。

しかし、一九五一年六月一一日、鳩山が脳溢血で倒れてしまい新党結成は頓挫する。そこで三木は、自由党内での反吉田闘争に路線を変更する。三木は〝軍師〟として智謀を傾け反吉田闘争の先頭に立つが、吉田首相は反党的言動を理由に、河野と石橋湛山の両名を自由党から除名した。三木が除名されなかったのは、第一次吉田内閣成立時の三木の働きに吉田が恩義を感じており、三木の除名をしりぞけたためだ、といわれる（三木会 一九五八：三〇三、吉田 一九五七：一五三）。

その直前の一九五二年四月二八日、サンフランシスコ平和条約が発効し、日本は念願の独立を達成した。だが、「ワンマン体制」を固めていた吉田首相は、独立後も政権の座にしがみつき、反吉田勢力との対決に踏み切った（内田 一九八一：一九）。八月二八日、吉田首相は反吉田勢力に先手を打ち、衆議院を「抜き打ち解散」し、これに反発した鳩山グループとの分裂選挙となる。鳩山グループは「党内民主化同盟」を結成して対抗した。翌一九五三年三月一四日、吉田首相は再び衆議院解散を断行、世にいう「バカヤロウ解散」である。そこで、鳩山グループは「分派（鳩山）自由党」を結成し、鳩山は総裁、三木は党務委員長におさまった（内田 一九八一：二〇、小宮 二〇一一：二三四）。

一九五四年に入るや、自由党、改進党、分派自由党が集まり、統一保守党結成に向け、各党代表者間で話し合いが持たれたものの、決裂する。三木はこの機を逃さず、改進党の大麻唯男、三木武夫、自由党の鳩山、岸と手を結び、反吉田の新党結成に乗り出す。一一月二四日に日本民主党が結成され、鳩山は総裁、岸が幹事長に就任、三木は総務会長におさまった。

七年という長期にわたった吉田内閣は、一二月七日ついに総辞職を余儀なくされ、一〇日には、第一次鳩山内閣が発足する。「鳩山首相、三木衆院議長」という三木の宿願の半分は達成された。だが、その後の総選挙の直後に行われた衆議院議長選挙で、民主党以外の党が一致して自由党の益谷秀次を統一候補として推薦、慣例では議長に就くはずの与党候補の三木は落選し、宿願は幻と消えた（三木会 一九五八：三〇三―三〇五）[6]。

その後、左右両派の社会党が統一への動きをみせる一方、財界からの強い要請もあって、保守合同への機運は急展開をみせる。一九五四年四月一三日に自由党総裁で副総理の緒方が保守合同を呼びかけ、有名な「政局の安定は現下爛頭（らんとう）急務である」という自由党声明を発表した。それは、自由党と改進党の合同による保守合同を促すために発表した緒方の声明文にある言葉である。緒方は次のようにいう（栗田 二〇〇一：一八六）。

　時局を案ずるに、政局の安定は、爛頭の急務であって、内外庶政の刷新も、自立経済の達成も、国民生活の充実も、これなくしては到底考えられない。それ故にわが自由党は昨年、多数をもって内閣を組織するや態度を謙虚にして専ら同憂諸勢力の糾合に努め、幸いに分自党の共鳴復帰を得たことは世間周知の通りである。

この〝爛頭の急務〟発言は、一種の流行語となった。焦眉の急といえばわかりやすく、ほとんど同じ意味だが、古めかしい言葉づかいから若い新聞記者たちには理解しがたく、それが逆に人びとの話題となったのだ。

民主党の総務会長であった三木は一九五五年四月一二日、第二次鳩山内閣が発足してまだ一ヵ月も経過していなかったのに、郷里の高松に向かう途中、大阪で記者団と会見し、いわゆる「爆弾声明」を発した。いわく「……保守結集の形は合同でも連立でも提携でもかまわないが、今や時機は熟している。保守結集のために、もし鳩山の存在が障害になるなら、鳩山内閣は総辞職してもいいし、民主党は解体しても一向にかまわない」とまで断言した（三木会　一九五八：四二六―四二七）。

この声明が政界に騒然たる波紋を呼んだのはいうまでもない。また、それを踏まえて有名な五月一五日の例の「三木・大野会談」が実現する。それは、三木の説得が力を発揮した瞬間であった。

三木の説得力の源泉である「保守結集」という正論が功を奏したのである。大野と三木は元来、鳩山派直系の同志であった。しかし、鳩山追放中に、吉田と距離が近くなった大野を三木が責めたのだ。両者は同根で、思想的にも近かった。そこで、三木が頭を下げ、保守合同を迫った。「おれはこれだけを仕上げてからあの世に旅立ちたい」という三木の必死の形相と説得に押された大野の用心は吹っ飛び、二人は手をにぎりあった。三木の「不惜身命」の覚悟が大野の心をとらえたのである（大野・大野　二〇一二：一五八）。

それを踏まえて、鳩山民主党総裁と緒方自由党総裁とのトップ会談が実現、「保守勢力を結集し、政局を安定する」ことで、民主党と自由党は基本的な点で意見の一致をみた。

三木の「爆弾声明」からわずか半年後には、保守合同論が自由、民主両党の大勢を占めるようになり、一一月一五日に「自民党」結成にこぎつけた。政治学者の内田健三はその意義について「その背景には、時代の潮流や世論の動向などさまざまな要因があるが、直接には三木の情熱と執念、周到な工作が大きく貢献したことを認めざるを得ない」と要約している（重盛　一九五八：一五八―一六〇、内田　一九八一：二九）。

なお、三木の一貫した保守結集の意識、保守分散の根底には、〝保守ヴィールス説〟があったようだ。それは、社会主義のような〝バイ菌〟から日本を守る保守の思想に他ならない。

一九五五年一一月一五日、念願の自民党が結成された。問題は両党間で新党首の妥協がつかず、総裁決定まで「代行委員制」をとる変則的な体制であったことだ。この時、三木は鳩山、緒方、および大野と並んで総裁代行委員の一人となっており、「ここにも新自民党の生みの親が事実上三木、次いで大野であったことが反映されている」(後藤ほか　一九八二：九一)。

第二節　三木武吉の政治的立場

(一)　抜き打ち解散[7]

一九五二年四月二八日、サンフランシスコ平和条約が発効する。だが、独立の功労者であった吉田首相は、自由党内に強力な反吉田派―鳩山派の勢力を抱えていた[8]。

一方、国会の外では、「血のメーデー」や破防法反対ストなどに象徴される吉田内閣打倒運動が高まっていた。こうした事態に対し、吉田首相が打った手が同年八月二八日に断行した「抜き打ち解散」に他ならない。

一九五三年一月に任期切れとなる衆議院総選挙では、鳩山派と党内中立勢力が吉田派を押さえるであろう、と観測されていた。しかし吉田首相の方は、解散はしないと繰り返していたので朝野とも安心しきっていた。だが、吉田は密かに選挙準備を整え、一九五二年八月二五日、臨時国会を召集する。大野が議長に就任して三日目、本会議を一度も開かないまま、文書をもって解散を通告した。それは、全くの抜き打ちであった。確かに、任期満了を目前に控えていたので、解散がいつあっても不思議でなかった状況下であったとはいえ、反吉田派の不意を突いた形となったので、鳩山派の怒りは頂点に達した。

後日、鳩山は解散について「吉田君の八月二八日の抜き打ち解散はわれわれを押さえつけるための手段であった。……新しい民意を問うために解散せよという世論が圧倒的だったが、吉田君は議員の任期中は絶対に解散せぬということで押し通していた」、と回顧している(鳩山　一九五七：一一五)。

最も激怒したのは、それまで、吉田、鳩山の間で欠裂を避けるために強硬派を押さえてきた三木である。「これはクーデターだ。総裁といえども許しておかぬ」と憤り同志の先頭にたった（三木会　一九五八：三〇三―三〇五）。

衆議院選挙は一〇月一日に行われ、結果は自由党二四〇、改進党八五、左派社会党五四、右派社会党五七、労農党四、諸派七、無所属一九議席であった。この時、三木は衆議院議員の議席を有しておらず、故郷の香川県第一区から出馬し、五万二七九五票を獲得してトップ当選を果たした(9)。三木の『選挙公報』の全体の内容は、日本の独立の意義、経済の振興、政界の現状、吉田内閣への批判、および鳩山への支持から構成されており、そのなかで、三木は吉田内閣を次のように批判した（香川県選挙管理委員会「昭和二七年一〇月一日執行　衆議院議員総選挙・最高裁判所裁判官国民審査・昭和二七年一〇月五日執行　香川県教育委員会委員選挙・市町村教育委員会選挙　結果調」：三七―三八）。

　勿論私は今の自由党や吉田内閣の占領下に於ける三年間の功績は、これを認めて其の労は多とするものである。だが、独立後の歩み方には大なる不満を唱えざるを得ない。唯へば夫れも其の筈で如何なる大政治家でも混乱時に三年以上も責任ある地位に在れば多少の失政もあらうし随分疲れて倦怠も催すこともあろう。又国民の側になれば何となしに飽きも来よう、況や気隋気儘な非民主的行動に終始せられる吉田首相に於いてをや、其の上閣僚は所謂吉田好みの新者揃えで而も猫の眼の変わるように取り替え引き換え、党員ですらも閣僚の名を覚え切れない実情では到底満足な政治の生まれる筈がない。だがせめて党徒部でもしっかりして居れば兎も角、これがまた吉田式ワンマンに振りの威圧に恐れ、命これ従うと来て居るから国民の内閣及び自由党に対する不信のみるのも御もっとだと往生せざるを得ない。

それは、正しく当時の多くの国民が認識していた吉田内閣の姿でもあった。三木はまた、次のように具体的に経済政策（思想）を展開している。

> 最新科学を産業に導入し思い切った減税で国民に貯蓄の余裕を與へ以って産業資金の潤沢を図り金融の円滑、敏速、並びに金利の引き下げを断行し、鉱工業の画期的な発展を図って輸出貿易の大促進を為し此れと並行して開墾、土地改良、農業技術の改善、肥料の増産による低価格等を強力に推進して食糧の増産を図り、以って数千億円を投じている食糧輸入資金の流出を急速に防止せねばならぬ。

話はそれるが、英雄（政治家）色を好むという言葉がある。三木の女性関係は多様で、外遊中にドイツから金髪の女を連れてきたとか、五二歳の時に女優に子どもを産ませている。また、神楽坂の料亭「松ヶ枝」の女将との関係は有名であり、三木の女関係について、三木派の大久保留次郎は「三木さんの女関係を語ることなしに三木さんの全部を知ることができないと思う。……三木さんはどのような女にも好かれた。女を統禦する力、そういうものがやはり政治上の統制力と相通じているのだろう」（傍点、引用者）と述べている（三木会　一九五八：五二二）。三木は社交ダンスが得意で、趣味は将棋である。酒類の方は胃潰瘍を患ってから、口にしなかったようだ。

ちなみに、三木は一九四六年四月一〇日の総選挙の時、遊説に出かけた際、ある演説会場で反対党の候補者から「ある有力候補のごときは妾を四人つれているそうですが、指導的地位にあるものとしてそれでいいのですか」という個人攻撃を受けた。これに対して、三木は「四人というのは間違いで、事実は五人です。皆面倒をもみています」とやり返し、場内は拍手で沸き立った[10]（三木会　一九五八：五二一―五二二）。

(二) バカヤロウ解散

一九五三年二月二八日、吉田首相の衆議院予算委員会における「バカヤロウ発言」を機に野党三党は吉田首相懲罰決議を提出する。鳩山グループの「党内民主化同盟(以下民同派と略す)」と吉田に不満をもつ農相の広川弘禅一派が本会議で欠席戦術をとり、同動議は可決され、これに対して、吉田首相は広川農相を罷免することで応じた。野党三党は内閣不信任案提出で追い打ちをかけ、民同派がこれに同調して可決されるや、吉田首相は前の解散から僅か六ヵ月しか経過していないのに、三月一四日、再び解散を断行する挙に出た。世にいう「バカヤロウ解散」である。三月一八日、鳩山グループは自由党に分党届を提出し「分派(鳩山)自由党」を結成する。鳩山が総裁、三木が総務会長、そして広川選挙対策委員長の布陣で総選挙に備えた(内田 一九八一:二〇—二一)[11]。

総選挙の結果は、自由党(吉田派)一九九、鳩山派三五、改進党七六、左派社会党七二、右派社会党六六、労農党五、共産党一、日本人民党一、無所属一一議席であった。三木は、再び香川県第一区から出馬し、六万一三七〇票を獲得してまたもやトップで当選を飾った。この時の『選挙公報』では三木は有権者に何を訴えたのか。その内容は、序文、現状分析、背景、および結語からなり、すべてが吉田批判で満ち溢れており、政策とか思想とかへの言及は最後にふれただけで、前回とはかなりおもむきを異にしている。批判のさわりの部分を紹介する(香川県選挙管理委員会「昭和二八年四月一日執行 衆議院議員総選挙・参議院議員通常選挙 結果調」:附二)。

吉田君は内政において独善、即ち一人よがりで万事民意を無視したやり方であり、外交においては秘密で、外国とどのような話し合いを進めておるかと云うことを全然国民に知らせようとしない。このような非民主的なやり方は、日本を破滅に導いた東条英機と軸を一にするもので、これを打ち破らなければ日本の将来に恐るべき結果をまねくからであります。

一方、政策について、三木は「而してここに於て君々は鳩山君を中心とした、立党当初の自由党に立ち還り、総選挙にこの吉田君に反対する同志および賛成する友党と結んで新たな内閣を樹立する」と指摘した上で、次に「外交的には国民外交で財政的には積極財政を、経済的には産業の発展をはかり、社会的には働ける者には職を、働けない者には保護を与え全国民友愛協同をもって独立日本再建に全力を傾注する決意であります」と政策を述べ、最後に「更に国力の許す範囲で自衛軍を創設すること並びに憲法を日本の国情に即したものに改正しやうと考えておることも付け加えておきます」として、自衛隊の創設と憲法改正を謳っているのが目につく。

ここで、三木と吉田の関係について、言及しておきたい。両者はそれほど犬猿の仲であったのか。実際は、それほどでもなかったようだ。というのも三木が吉田を政策上では攻撃しても個人的には、評価しているからだ。『三木武吉』という評伝には、次のような記述がある（三木会　一九五八：一四三—一四四）。

三木は当の相手である吉田を決して憎んでいない。手ごたえのある、攻め斐のある、骨のある男だと、自派の人たちに折りにふれて語っている。ただ、講和条約後の自主、自立日本の新しい政治としては、吉田を中心とする側近政治、官僚臭味、独善政治、それらが何をしても許せなかったのである。

(三)　天の声解散(12)

吉田首相は一九五四年一二月七日ついに総辞職、足かけ七年に及んだ長期政権に終始符が打たれた。その後、首相に就任した鳩山は、与党だけでは衆議院で過半数に届かなかった。そこで、一九五四年一二月一〇日の首班指名選挙では左右両社会党の支持を得て首班指名を受けた経緯があった。その見返りとして、鳩山は左右社会党に対して早期解散の公約をしていた。

翌年一九五五年一月二四日、鳩山首相は首班指名に協力した社会党右派、左派との約束通り衆議院を解散、いわゆる「天の声解散」である。総選挙では、日本民主党は憲法改正、再軍備を含む「自主独立の完成」を訴えた（大野・大野 二〇二二：一五一）。

今回の解散は鳩山首相自身が国会でこれを「天の声なり」と答弁しており、予告されていた。そこで解散は天の声であるとされ、一般に「天の声解散」と命名されている（藤本・酒井 二〇一七：五五）。

総選挙は二月二七日に行われ、結果は、日本民主党一八五、自由党一一二、左派社会党八九、右派社党六七、共産党二、労農党四、諸派二、無所属六議席であった。三木は香川県第一区から出馬したが、四万三三三二票に留まり、前回に比べて一万七一三八票も減らし、定数三の第三位で滑りこんだ。社会党左派の新進気鋭・成田知己の後塵を拝したのだ。鳩山内閣が誕生して、三木も気が緩んだのであろうか。三木があまり選挙区に帰らず、しかも、選挙が終われば当選の挨拶もせず帰京し、後援者たちは三木の写真を前にしての万歳が響いたのか。実態は、同じ選挙区から民主党の藤本捨助を当選させるため、票をまわしたからだ。藤本はトップで当選している。[13]

今回の総選挙に際し、三木は『選挙公報』で何を訴えたのであろうか。三木は吉田内閣崩壊の原因に触れた後、主な課題として四点を提案している（香川県選挙管理委員会「昭和三〇年二月二七日執行　衆議院議員総選挙・最高裁判所裁判官国民審査」：四四）。

まず第一には憲法を含めた占領政策下の諸法令制度を全面的に再検討して日本が日本国民自ら理想と希望に基づいて、国力民力の増進が出来るやうな体制に切り替えられるに其の国情の合わないところ或いは不備不明の点を改正しやうと考えているのであります。

その第二は自由党のような特需依存に重きをおき乍ら一方野放しで自由放任の無方針無計画な、場当たり経済をやめて、自由経済の原則の上に立った長期の見通しを持つ重要産業に限り総合的な計画経済によって輸出の増進、国土の開発、農林漁業の振興、石炭電力の如き基幹産業の合理化を策し、国内景気の上昇を実現することに努めると共に中小企業の育成強化のために融資援助を強め其の組織を強固にし又勤労者農民の税負担の軽減、預貯金の利子税を廃止し貯蓄の増加をはかるのであります。

第三には失業者の大幅吸収とか、住宅の増設とか、戦争犠牲者の国家的処遇の改善、更に結核予防対策や社会保障制度に関する欠くべからざる諸政策等急を要するものが多々有りますが之等の対策については応急に処置すると致しましても、自主独立の完成のためには全産業の興隆を強力に推し進めなければなりません。

そこで第四としてこの問題に対してどのような対策をとるかといへば、それまでのアメリカ一辺倒の外交を改め東南アジアをはじめ中国韓国その他ソ連とも友好関係を結んで貿易を拡大して産業経済の安定をはかろうとするものであります。

ここに、三木の政策・思想の一端を知ることができる。従来の米国一辺倒の外交を改めて、中国やソ連とも友好関係を結ぶべきだ、という主張が特筆される。吉田を首相の座から蹴落として、政権を奪取し、念願の鳩山内閣を発足させた三木の安堵感が感じられないでもない。

周知のように、一九五五年一一月一五日、自由党と日本民主党の保守合同がなり、自民党が発足する。東京都千代田区駿河台下、中央大学の大講堂で、午後一時自民党結成大会が満席のなかで開催された。総司会者である楢橋渡の開会宣言に続いて、最初に旧民主党の幹事長であった岸が開会の挨拶を行った。そして、鳩山が総理大臣としての立場から挨拶をした。次に三木は総裁代行委員四名を代表して立ちあがり、合同の経緯を次のように述べた（三木会一九五八：四四九）[14]。

顧みますれば昨年四月、緒方竹虎君が、世にいういわゆる『爛頭急務』なる声明を発表せられまして、保守合同問題は国民大衆の信頼を克ち得たのでありますが、以来一年有半の今日まで、或いは消えなんとし、或いは燃え上がり、その間幾多の複雑多岐なる様相を呈しまして、いわゆる政界消息通の間では、保守勢力の結集は出来ないのではないかと断定されたことさえあったのであります。政界の諸君でも保守結集の前途を憂慮され、国民大衆もその困難さに憂色を示す者が多かったのであります。然るにこれを熱望する国民大衆の声が、幸いにして今日をもたらしたのでございます。

実に半世紀に亘る政界人の行きがかり、感情、利害、得失の一切がかなぐり捨てられまして、今日、ここに保守勢力の結集を実現するに至りましたことは、諸君は申すにおよばず、これを熱望する国民大衆、大にして世界人類の過半を制する自由国家群の民衆とともに御同慶を叫ばなければならないと存じます。

保守合同を成し遂げた三木は安心したのか。翌一九五六年七月四日、東京目黒区の自宅で死去、享年七一であった。当時としては長生きの方に入るだろう。死因は肝硬変による心臓衰弱だといわれる。

三木の地元紙『四国新聞』は「政界の巨星　地に墜つ」と題して報じ、社説で三木の死を次のように悼んでいる（『四国新聞』一九五六年七月五日：二）。

三木武吉氏はいうまでもなく鳩山内閣の大黒柱的存在である。三木―河野―大野とつながる線を俗に自民党主流派というが、寄合世帯で派閥の多い自民党の中心に位置して明敏な判断力にものをいわせた二大政党を一つにまとめ上げてきた力量手腕はまことに非凡であり、三木氏あっての鳩山首相といわれたのもゆえなしとしないのである。三木氏死去の報に鳩山首相が大きなショックを受けたのも、その信頼が深くツエとも柱とも頼んでいたからである。

一方、『朝日新聞』は評論家・細川隆元の寄稿「殺陣師　三木の死―保守党の脱皮はまだ難しい―」を掲載し、三木の役割を次のように披露している（『朝日新聞』一九五六年七月五日：三）。

三木武吉は保守政界の殺陣師であった。死ぬまで殺陣師の役柄を務めた。彼は大政治家でもない。いわんや理想主義者でもなかった。政界を殺陣の場として生き抜いてきた政治家である。……

とかく三木氏は努めて時代感覚を身につけようとしていたものの、やはりなんといっても戦前型の政治技術だけを身につけて旧型政治家の代表的人物であった。その大御所の死去により、こんな旧型政治技術が保守政党から少しでもぬぐい去られるということは保守政党にとり、一つの進歩を意味するといえばいえないことはない。

おわりに

戦後、保守政治の歩みを概観した場合、政治的リーダーシップ論の視点からいえば、鳩山は遠隔型の手法を活用した一方、三木は対面型の手法を活用した。また、鳩山の場合、象徴的リーダーとして君臨したが、それに対して、三木の場合、創造的リーダーであった[15]。現実政治の上では鳩山は常にナンバーワンの地位を維持したものの、三木の方は終始一貫してナンバーツウの位置で満足した。

浅川博忠は『自民党ナンバー2の研究』のなかで、鳩山と三木の関係をつぎのように分析している（浅川　二〇〇二：一八九）。

……政界に転じた三木は、東京のお坊っちゃま・鳩山と出会い、彼の天真爛漫さの虜となり、彼の政権取りへ向けて「黒子」に徹する生涯を送った。これは三木自身が、「鳩山こそ主役の器、そこへいくと俺は脇役の器」と素直に実感したからこそであり、変に主役の器と張り合おうとする野心を抱かなかったからである。

こうした決意をした瞬間から、彼はナンバー1への自らの前途を閉ざした。だが、その道を断念することによって、むしろ大局、長期的展望が客観的に見通せるという最強の武器を入手して、主役を終始支える名脇役、ナンバー2の座に自然に到達していった。この間に、必要に応じて自己を捨て、主役のために献身的な奉仕を続けてみせた。

一方、評論家の大宅壮一の方は、鳩山と三木の関係をよりシビアに捉えている。

大宅は「鳩山は品性を感じる。しかしである。どこか弱々しく、主体性が確立していないのは否めない。いわゆるシャッポ（帽子）であって、上にのっかってはいるものの、実権は他の実力者に握られている感じである」と指摘した。「毛並みのよいことでは、鳩山は吉田に劣らない。ただし、鳩山の性格は吉田と正反対である」という。最後に「鳩山の場合、明けっぱなしで、おしゃべりで、人に動かされやすい。確かに、『民主的』ではあるが、同志としては実に頼りない、とみており、三木が最後まで鳩山を捨てなかったのは、吉田調伏にかっこうの持ち駒がなかったからであろう」と結んでいる（大宅　一九五七：三二、三四）。

ジャーナリストの富森叡児は保守の大同団結が[16]一九五五年一一月一五日、やっと陽の目をみたのは三つの重要なきっかけがあった、という。それは、「保守合同」の鬼といわれた三木のイニシアチブ、財界の圧力、および社会党の統一であった（富森　一九七七：六七）。

だが、政治学者の楠精一郎によれば、社会党の急激な進出を見た三木は保守が結集しなければならないという危機感を強めていったことが保守合同の背景にあるとしながらも、「実はこの保守合同の先鞭をつけたのは三木ではなくて、吉田内閣の副総裁であった緒方竹虎であった」と指摘し、緒方は「新党を結成し、総裁は公選によって選出するという構想を発表していた」と述べている（楠　二〇〇五ａ：五〇）。

保守合同に際し、三木の多大な活動を否定するものでない。そうではなくて、政治的事象は一人の人間の活動によって達成されるものでないということである。確かに、三木の周囲には大衆受けのするエピソードが溢れている。しかし、その説明・解釈の大半は浪花節調で満ちて、一種の「英雄史観」に過ぎない面も否めない（内田　一九八一：二八）。

いずれにせよ、総合的に判断すれば、一九五五年の秋には、保守合同の機はすでに熟していたのだと言っても過言でない。そこで一押し二押し三押ししたのが、三木の「リーダーシップ」であった（楠　二〇〇五ａ：五六）。

三木は政治家の行動を支配する動機として、「第一に理論、第二にそろばん、第三が人情と極限してもよい」と述べているが、それが果たして、鳩山派の軍師といわれた三木の最良の政治的手法であったのであろうか（三木　一九五四）。長年、三木の秘書を務めた重盛久治は「三木武吉という人物は、それほど複雑で、また怪奇であった。たとえどのように懇親の間柄であろうと、自分の全貌を一人の人に完全に露呈するということはほとんどなかった」と記しており（重盛　一九五六：二九一）、それがまた、三木をして政界の「寝業師」といわせた所以であろう。

注

（1）政治的リーダーシップとは、「当該国家にとって望ましい将来的なビジョンを明確に提示するとともに、そうした方向へさまざまな利害関係を調整しながら国民を先導していく政治的役割である」。その際、政治的リーダーは対面型と遠隔型の二種類の手法を活用する、とされる。また、政治的リーダーシップには、創造的、管理型、および象徴的リーダーの三種類が考えられるという（石井〔二〇〇四〕：六、四七、五二―五三、五九）。

（2）選挙公報とは、選挙に際して立候補した全ての候補者や政党の政見などを記載した文書で、公費によって有権者に配布されるものだ。公職選挙法第一六七条で選挙公報には「公職の候補者の氏名、経歴、政見等」を掲載することが規定されている。従来、選挙公報の内容については、掲載された内容が実現されたか否かは問われることもなく無視される場合が少なくなかった。しかし、近年、マニフェスト（政権公約）選挙の拡大で、その内容が注目されるようになった。三木の選挙公約は他の候補者のものとは異なり、政策を単に羅列するだけなく、具体的に自分の意見を陳述する形式をとっており、興味深い（藤本〔二〇二二〕第四章を参照）。

（3）これが三木武吉の世間一般の評価の土台で、後に公刊された伝記、小説、および多くの研究論文なども、これを踏襲している。

（4）この時の総選挙では、三木は東京ではなく郷里の香川第一区から立候補。というのも、大正時代以来連続当選してきた東京第一区の地盤は、門下の原玉重に譲っていたからだ。三木にとって初めての選挙区ではあったが、すでに郷党の間で香川県出身の著名政治家として十分信頼を得ていたし、また、市町村から県会に至るまで地方議員たちも三木の世話になっていた（三木会〔一九五八〕：二四一―二四二）。

（5）戦後第一回目の総選挙（一九四六年四月一〇日）で、三木は香川県から出馬。選挙は大選挙区・連記制。自由党から出馬し、五万三三六票を獲得し、定数六名中第三位で当選した（『四国新聞』一九四六年四月一二日：一）。

（6）鳩山内閣の権力構造を分析した小宮は「日本民主党は三木武吉総務会長が中心となって運営し」「（第二次）鳩山内閣とは、三木武吉の影響力が発揮された内閣であった」と指摘する（小宮〔二〇一二〕：一三四）。

（7）抜き打ち解散の経緯と背景については、藤本・酒井〔二〇一七〕：三七―四五を参照。

（8）吉田ドクトリンとは、軽武装・経済重視の路線で、鳩山は再軍備、憲法改正を訴えたように、吉田とは真逆の路線を掲げた（藤本・酒井〔二〇一七〕：一九七）。基本的には、吉田も鳩山も同根の保守であって、協力して革新勢力を抑える立場なのだが、両者の対立は抜きさしならなくなっていた（内田〔一九九四〕：三二）。

（9）一九五六年六月二〇日、三木は追放解除後、総選挙に立候補するため高松市に帰ったが、失意の老政治家に対する郷土の風は冷たかった。追放中のブランクで地盤は荒廃、有力な支持者は分散、三木の時代は終わった、今さら古タヌキの出る幕でもあるまいという声が聞かれた。この時、三木の側近であった蓮井久雄が選挙陣営づくりを依頼したのが中村静雄だ。選挙参謀として中村は三木を支え、三木も中村を頼りにした。中村は高松市政のボスで、三木は中村を高級秘書にして選挙を任せた。後に中村は香川県だけでなく日本製塩業界の重鎮となった（屋島の人中村静雄小伝刊行会〔一九七五〕：一五四―一五八）。

（10）大宅壮一はこの点について「これは人口にかいしゃしている有名な話だ。妾の数を多く修正することで、人の意表をつき、完全に逆の効果をもたらしたのである。この逆手戦法は、彼のもっとも得意とするところで、政治の面でしばしば用いている」と指摘している（大宅〔一九七三〕：三七）。

（11）一一月二九日、分自党二一名（鳩山を含む）は自由党に復帰、残留組は日本自由党（通称八人の侍）を結成した。その際、残留組の一人の松田竹千代は「今まで、三木さんのいう通りに動いてきたが、一度も結果が良かったことはなかった」としていう事を聞かなかった（河野〔一九六五〕：二二六―二二七）。バカヤロウ解散の経緯と背景については、藤本・酒井〔二〇一七〕：四六―五三を参照。

（12）天の声解散の背景については、藤本・酒井〔二〇一七〕：五四―六一を参照。

（13）一九五二年の総選挙の際、三木は選挙運動が終わった九月三〇日夜、直ちに帰京して不在で、中年層以下の有権者には三木の名前がなじみ薄い点を多田選挙事務長が懸念している（『四国新聞』一九五二年一〇月三日：三）。また、一九五三年の総選挙の時も選挙運動が終わった四月一八日夜帰京したとあり、三木の側近で選挙参謀長として知られている中村が当選の挨拶をしている（『四国新聞』一九五三年四月二一日：三）。一九五五年の総選挙では、三木は票田の高松市内で一万四八六一票、成田は一万五五一四票を獲得、成田に競り負けている（『四国新聞』一九五五年三月一日：一）。三木は民主党の幹部として全国を応援してまわり、地元に二、三日しか滞在できなかったのだ。しかし、選挙区には熱狂的な三木の信者がおり、それが三木連続当選の源であった（新井・内藤［二〇〇三］：六〇三—六〇四）。

(14) 小宮は自民党の立党宣言、綱領、および政綱をみると、全体を通じて吉田の政策を否定する路線を取っており、そのため自民党結成時には、吉田元首相や佐藤らが参加しなかった、と指摘。だから「自民党はまさしく反吉田の政党として出発したのである」と結論する（小宮［二〇一二］：二一一）。

(15) 詳細は、石井（二〇〇四）を参照。

(16) 保守合同について、小宮は次のように指摘する。「注目すべきは、鳩山首相の態度である。保守合同に対して、鳩山自身は全く積極的でなかった。だが、保守合同は三木武吉総務会長に委ねた。これは鳩山の政治指導の典型的な様式であった。即ち、鳩山は信頼できる人物に問題を委ね、その後は細かいことには口出ししなかったのだ（小宮［二〇一二］：二四五）。

参考文献

浅川博忠（二〇〇二）『自民党ナンバー2の研究』講談社。

新井勉・内藤丈二（二〇〇三）「保守合同への道—三木武吉の晩景—」『政経研究』日本大学法学会、第四〇巻第二号。

石井貫太郎（二〇〇四）『リーダーシップの政治学』東信堂。

内田健三（一九八一）「三木武吉」内田健三・中村勝範・富田信男・渡邊昭夫・安藤仁兵衛『日本政治の実力者たち（三）』有斐閣。

内田健三（一九九四）『戦後宰相論』文藝春秋。

遠藤浩一（二〇一三）「党人政治家の行動規範—三木武吉を中心に—」『拓殖大学政治行政研究』拓殖大学、第五号。

大野つや子・大野泰正監修、丹羽文生著（二〇二一）『評伝　大野伴睦』並木書房。

大宅壮一（一九七三）『昭和怪物伝』角川書店。

楠精一郎（二〇〇五a）「三木武吉と西尾末広」『講演会記録　Ⅲ　文化・思想の諸断面』公益財団法人・具進会。

楠精一郎（二〇〇五b）『昭和の代議士』文藝春秋。

栗田直樹（二〇〇一）『緒方竹虎』吉川弘文館。

河野一郎（一九六五）『河野一郎自伝』徳間書店。

後藤基夫・内田健三・石川真澄（一九八二）『戦後保守政治の軌跡―吉田内閣から鈴木内閣まで―』岩波書店。

小宮京（二〇一〇）『自由民主党の誕生―総裁公選と組織政党論―』木鐸社。

小宮京（二〇二一）「公職追放後の鳩山一郎―鳩山一郎内閣の権力構造を中心に―」増田弘・中島政希監修『鳩山一郎とその時代』平凡社。

佐賀香織（二〇一九）「戦時体制下における三木武吉」『日本政治法律研究』日本政治法律学会、第一号。

重盛久治（一九五六）『生きた政治史　三木武吉太閤記』春陽堂書店。

富森叡児（一九七七）『戦後保守党史』日本評論社。

鳩山一郎（一九五七）『鳩山一郎回顧録』文藝春秋新社。

藤本一美（二〇二二）『青森県初の衆議院議長　大島理森―真情と握りの政治家―』北方新社。

藤本一美・酒井慶太（二〇一七）『衆議院の解散・総選挙―決断の政治―』志學社。

三木会（一九五八）『三木武吉』三木会。

三木武吉（一九五四）「吉田を詰める王手飛車―政界将棋の裏おもて―」『文藝春秋』七月号。

屋島の人中村静雄小伝刊行会（一九七五）『屋島の人　中村静雄小伝』屋島の人中村静雄小伝刊行会。

吉田茂（一九五七）『回想十年　第一巻』新潮社。

（本章は、拙稿「三木武吉と〝保守合同〟」『臨床政治研究』第一二号〔二〇二一年一二月〕を土台にしており、それに修正・加筆したものである）

第二章　大野伴睦（総裁代行委員）
――ほんとうに義理人情の政治屋なのか――

問題の所在

大野伴睦が、一九三六年にあらわした書籍が、『新論石田三成』である。執筆の契機について、「三成は事務家として、財政家として、外交家として、而して戦略家としても抜群の才幹を有した」との思いをもつ大野は、「三成、後世何故悪聲の的となれるや。戦に利あらずしても、その忠魂も之を葬り去るべきであろうか」との疑問を呈したうえで、「余は三成の才幹、その忠魂至誠をみるにつけ、彼のために涙なき能はぬ。三成のために辯ぜんとして、本書をなした」と述べている（大野　一九三六：ii―iii）。

この記述からもわかるように、政治家・大野にとって、「才幹」に加え、「忠魂」は重要なキーワードの一つであったといえよう。そのためであろうか、大野は義理人情の政治家とよばれるようになったのかもしれない（大野伴睦先生追想録刊行会編集委員編　一九七〇：二九六）。このように、「『派閥を超えて好きになれる男』があちらこちらにいる」大野であるからこそ、「こうした性分の大野に対しては、「〝人のつながり〟に恵まれている」との見方もある。とあるたびにまとめ役を買ってでることができる」し、「事にのぞんで融通性のある動きをみせることができる」ということになるのであろう（住友　一九五九：一二二）。そして、それが、「『足して二で割る大野流』と表現される現実的な調整能力、換言するならば『義理と人情の浪花節』での妥協策に長けていた」との評価につながっていったのかもしれない（浅川　二〇〇二：一一九）。

さて、本章では、『大野伴睦回想録』（弘文堂、一九六二年）などを中心に、大野の生涯をみることで、政治家・大野の人物像を浮き彫りにしようと試みる。そこからは、一般にいわれている像とは異なる大野のもう一つの顔が浮き彫りになってこよう。

第一節　出生から国会議員になるまで

（一）　幼少期から院外団までの大野

大野は一八九〇年九月二〇日、岐阜県山県郡谷合村で生を受けた。「父直太郎は収入役、助役、村長と通算四十年余を勤めていた」人物で、「母の国枝は呉服屋を片手間に開いていた」ものの、大野が「小学校へ行くころはやめていた」ようだ（大野　一九六二：一―二）。両親は、幼少期、「村一番の悪童だつた」大野に対して、「たゞ人のため国のために尽す人間になれと教えた。終始一貫それだけだつた」という（大野　一九五二：一―二）。

成長の過程で、「『東京へ行きたい』という気持が、次第にたかまってきた」大野は、「苦学して弁護士になろう」という「人生の目標」をたて、一九〇八年四月一日、「岐阜から汽車にのった」のである。大野は「大望の明治大学への入学」を夢みていたものの、受験資格を満たしていなかった。そこで、「順天堂中学の校長松見文平氏に頼み、中学五年の二学期から学籍に入れてもらい、卒業免状をもらった」ようだ（大野　一九六二：五―六および九）。これに対して、ジャーナリストの阿部眞之助は、「うまいことをやったようなものの、生涯を通じてみれば、損得はわからない。資格を詐取することはできても、常識となる学問を身につけることができなかった」と、手厳しい（阿部　二〇一六：三三二）。

一九一〇年四月、明治大学・専門部法科に入学した大野であったが、急性盲腸炎となったことを機に、「郷里にもどって静養」することとなった（大野　一九六二：九―一〇）。しかし、病みあがりの身でありながら、川遊びに興じた大野は、脊髄炎栄養神経麻痺という診断をくだされてしまう。「電気療法なども一寸も効かない」状態で、「栄養神経が活躍するまで待つより仕方がない」というほどの病状であった。そうしたなか、「文学が好きだつた」大野は、「小説家になろうと思つた」ようで、「それからあらゆる小説を読んだ」だけでなく、「俳句の稽古もした」という。さらには、「碁も習い覚えた」（大野　一九五二：一三―一四）。

回復後、ふたたび上京した大野であったが、「憲政擁護の大演説会」に遭遇したことがきっかけで、政治運動に身を投じる。そして、「桂太郎がつくった立憲同志会に対抗して開かれる演説会のビラはりや会場の世話」をするようになった。そうこうするうちに、〝アジ演説〟をした大野は、留置場に入れられてしまう（大野　一九六二：一六―一九）。このときの体験から、大野は「人に対して出来る限り、親切に溫情をもつて接すると云うことをモットー」とするようになったという（大野　一九五二：四五）。こうした考えは、本章の冒頭で紹介した「忠魂」というキーワードにもつながっているような印象を受ける。

ところで、「約一カ月半ほどの未決監生活を、保釈で出所した」大野は、憲政擁護運動によって桂太郎内閣崩壊という〝成果〟を得た「政友会とかけ合って慰謝料をもらうことにしよう」と考えた。突拍子もない発想であったが、大野は政友会からの金銭援助を受けることに成功したばかりか、二四歳のとき、「意を決して党籍をとることになった」。そして、院外団の一員となった大野は、「水をえた魚のように動き回った」のである。その「院外団の『仕事』でもあった」のが、「反対党の演説会に乗り込んで騒ぐ」ことであったという。そうやって、「演説会を妨害して小遣銭を稼ぐ」のが、このころの大野の「仕事」であった（大野　一九六二：二二―二六および四三―四四）。こうした「一種のゴロツキ集団であった」院外団での活動によって、「政治の裏をおぼえる」こととなった大野に対し、「政策を練り、それを掲げての政界入りとはまったく異なる」との指摘もでてくるわけだ（現代政治問題研究会編　一九七九：四八―四九）。いずれにせよ、院外団での経験こそが、その後の政治家・大野に大きな影響を与えたことは想像に難くない。

そして、二七歳のとき、「政友会の出店といわれた『交友倶楽部』」という、「貴族院の倶楽部の書記長」に就任し、大野は「なんと八年も、書記長を勤めること」となった（大野　一九六二：四六―四七）。書記長就任の背景には、ある女性との出会いがあったという。それが、「静岡県人海老名金兵衛さんの二女」の海老名君子という人物である。君子とのあいだの縁談話がすすんでいったものの、大野の「院外団生活が金兵衛氏の気に入らない」状態が続いた。たとえ、大野に「将来の見込があるといわれても、現在の生活状態が娘を嫁がすに不適当だ」との思いをもっていた海老名金兵衛を納得させるため、大野を「交友倶楽部の書記長にして月給取りをさせればよい」とのアイデアが浮上し、書記長のポストにつくこととなった（大野伴睦先生追想録刊行会編集委員編　一九七〇：一九）。

（二）　東京市会議員としての大野

その書記長時代、北里柴三郎・貴族院議員から、大臣秘書官に推薦された大野は、「私は政治家になるのが目的です。そのうち岐阜に帰つて代議士に打つて出ます」「代議士となる前提として、東京市会議員になりたい」との思いを伝えた。東京市会議員のポストをねらっていたものの、「金がない」という大野に対し、北里は「俺は芝の医師会長だから、俺が代りに医師会に呼びかけて地盤を作つてやる」し、「金も作つてやる」と断じた。その結果、一九二二年六月四日、大野は「東京市会議員中の最年少者で芝区の最高点で当選」をはたした。ちなみに、このときの推薦人の一人が、鳩山一郎であった（大野　一九五二：六二―六四、大野伴睦先生追想録刊行会編集委員編　一九七〇年：三五二）。そのこともあって、東京市会での「鳩山議長実現を画策した」大野は、みずからの「筋書き通り、鳩山市会議長」の実現に成功した（佐藤　一九五七：一七七および一八一）。

東京市会議員となった大野は、「近時市教育界の風紀」について取り上げ、「紊亂の事實あるを聞くが斯くては到底本市風致の維持は出來ないと思ふが如何」といった質問を行うなどしていたものの（『東京朝日新聞』一九二二年七月二〇日：三）、市議賭博事件で、罰金百円の判決を受けた（『東京朝日新聞』一九二五年五月二日（夕）：二）。この市議賭博事件とは、「市會議員等責任ある地位名誉ある身分を忘れ例の小石川白山の待合『田川』或は数寄屋橋際の鳥料理『曙』を根城に藝妓交りに金銭を賭し花札を弄して『八八』賭博をやつてゐた事實が暴露」したものである（『東京朝日新聞』一九二四年一二月五日：一一）。そして、「判決を受けた翌日」に、大野をふくむ三名の「賭博市議がフイと洋行」したことから、「大海の眞ん中でたれ憚る事のない大賭場が開かれ、春洋丸は田川の出張所のやうにならうとうはさ」されていた（『東京朝日新聞』一九二五年五月三日（夕）：一）。さらには、現地の邦字新聞紙上で、「帝都の市議の肩書も視察も忘れて會ふ人毎に女郎屋の所在を尋ね……盛んな發展振りを見せた」と報じられる始末であったそうだ（『東京朝日新聞』一九二五年六月二七日：七）。大野自身、このとき、「世界一周をしたこと」を「市会議員時代の最大の思い出」としているが（大野　一九六二：五一）、はたしてどのような外遊であったのであろうか。

こうした悪行のためか、一九二六年六月四日の東京市会議員選挙では、大野は「落選の憂き目を見た」。結局、大野の「市議生活は一期で終ったが、前古未曾有の関東大震災に遭遇し身命を賭して罹災者の援護や、復興計画の立案実施に尽された」ということもあり、「従来の慣例を破って、東京市名与職表彰規定により、終身市会議員の待遇を受けることとなった」（大野伴睦先生追想録刊行会編集委員編　一九七〇：二九―三〇および三五三）。

第二節　国会議員になってから総裁代行委員になるまで

（一）　衆議院議員としての大野伴睦

大野が衆議院議員総選挙で初当選したのは、四一歳のときである。それまでに、大野は衆議院選挙で二度落選を経験していた。そして、三度目の挑戦となる第一七回衆議院選挙（一九三〇年二月二〇日）で、「当然政友会から公認さるべきものであると確信して立候補の準備をしていた」ものの、選挙区の事情で政友会の公認を得ることができなかった。こうした苦境におかれていたにもかかわらず、二位での当選を果たす。大野はみずからの初当選について、「非常に苦しんだ代りには、その喜びは一入なものを覚えた」と述懐している（大野　一九五二：九三および九八）。このとき、「大野が本部で非公認になつたということが同情を集めた」との見方もあり、「大野は公認してもらえなかったことが、かえつてその当選に幸いした」かたちとなった（佐藤　一九五七：一八八―一八九）。その大野は、当選後、政友会の「党務委員会幹事」に就任した（大野伴睦先生追想録刊行会編集委員編　一九七〇：三九）。

ちなみに、大野が帝国議会の場で初質問にたったのは、「公娼制度廢止ニ關スル法律案委員會」においてであった。大野は、「私ハ本案ニ對シテハ幾多ノ疑問ヲ持ッテ居ル者デアリマス」として、「私ハ全國ノ遊廓ノ狀態ヲ見マスト云フト、何レモ其土地ノ邊陬ナ所ニ逐ヒヤラレテ、其處ニ所謂大廈高樓ヲ廻ラシテ貸座敷業ト稱シテ、是ガ國家ガ公許シタ所ノ營業ヲ致シテ居ル、之ニ對シテハ而モ高率ナル税金ヲ徴収サレテ居ル、然ルニ之ヲ國家ノ權力ヲ以テ廢止シタナラバ、是等營業者ノ被ル損害ト云フモノハ莫大デアルト思フ、然ルニ之ニ對シテ賠償セヌト云フノデアリマスガ、是ハ私ハ實ニ殘酷ナルヤリ方デアル、斯ウ考ヘルノデアリマス」との反対論を展開した（『第五十九回帝國議會　衆議院公娼制度廢止ニ關スル法律案委員會議録（速記）　第三回』　一九三一年二月二四日：一）。

衆議院議員として活躍をはじめた大野であったが、一九四二年四月三〇日（第二一回衆議院選挙）のいわゆる「翼賛選挙では完全にお手あげだった」という。だが、「このときの落選は敗戦で逆に私をすくってくれた」と、大野自身が述懐しているように、大政翼賛会の非推薦であったことで、「GHQからの追放令に該当することなく、ただちに政治活動が行なえた」こともまた事実であった（大野 一九六二：七一および七三）。そして、「昭和二十一年四月の総選挙で雪辱を果たした」大野は、「五月には内務政務次官となった」ものの、「公職追放令によってその地位を追われた河野一郎の後任」として、「翌月に突如自由党幹事長という要職に抜擢された」（楠 二〇〇六：二〇〇）。このように、「一度ぐらいは政務を勉強するようにと、内務政務次官に就任していた」大野であるが、「政務次官たること僅かに十八日」となった（大野伴睦先生追想録刊行会編集委員編 一九七〇：五八）。ちなみに、「吉田が自由党をひきついだとき、公職追放で中核部分を失った自由党の人材難はひどかった」ようで、このことが大野にプラスに作用したことはまちがいない（冨森 二〇〇六：六四）。

（二）国会議員・大野伴睦の敬愛する政治家

ところで、大野は、「いく多の総理大臣の大臣づくりをみてきたが、最も水際立った組閣をしたのは、なんとしても原敬先生だった」と懐かしんでいる（大野 一九六二：一二六）。そのためか、「原敬の日常生活から來る黨人訓は、伴睦の肉體にアカの如く滲みこんでいる」と論じる者もいるくらいだ（「人物手帳―大野伴睦―」『人物往來』一九五二年四月號：七五）。

また、大野自身、「政界に身を投じて五十年。今日までいくたの政治家の言辞に接してきたが、原敬、鳩山一郎の両先生の知遇を得たことは、私の生涯で最も幸福なことであった」と断じている。そこで、つぎに、鳩山とのエピソードをとりあげる。大野の言を借りれば、「くったくのない態度」こそが、「鳩山先生の政治家としての財産」であったようだ。それゆえ、「〝坊ちゃん育ち〟にみられないシンの強さを持っていた」鳩山は、「ひとたび決心すると最後まで貫こうとする」ところがあったという（大野　一九六二：七三、八七および九〇―九一）。他方、鳩山の方では、「大野君という人間は、本當に直情徑行一本槍で、今日まで押し通して來た男である。ウソのいえない、策略の使えない眞すぐな男である」という見方をしていた（鳩山　一九五七：一七一）。

大野が鳩山にここまで心酔した一因として、前出の党の公認を得られなかった一件での鳩山の言動をあげることができよう。このとき、政友会の「本部では奈落の底に落されたのに、音羽の山（鳩山邸）で、やれ、金は出来るだけ内証で俺（鳩山）が後から送つてやる、是非当選して来い」（カッコ内、引用者補足）とのことばをかけられたことで、大野は「人生感激せざるを得ない」との思いを強くした。現に、大野自身、「鳩山先生がパージになろうが何になろうが、終始一貫鳩山先生の直系として、今日迄来た所以はこゝにある」と語っているほどである（大野　一九五二：九七―九八）。だが、周知のように、新党結成を目的に、鳩山が重光葵・改進党総裁との会談（一九五四年九月一九日）を決意したことで、大野は鳩山とたもとをわかつ。「政友会以来の伝統を戦後の自由党の中に生かし抜くことが政治家の節操だと思つている」大野は、鳩山の「こうした政治行動を『唾棄すべきもの』」と考えていたとの意見もあるが（佐藤　一九五七：二一〇）、同時に、「大野が鳩山に翻意を求めたのは、鳩山に党外に去られては、佐藤や池田、党外の三木や河野らとの対抗上困ることになるからであろう」との見解も存在する（楠　二〇〇五：一五四）。

その大野は、衆議院議員在職中にも、党の公認を受けずに、選挙を戦ったことがある。それは、「二十四年一月（二三日）の総選挙（第二四回衆議院選挙）のとき」（カッコ内、引用者補足）で、「二十九日間も小菅刑務所に留置」をされていた大野によれば、「根も葉もない理由で昭電事件の刑事被告人にされ、一審懲役十カ月の判決をうけて東京高裁に控訴中」（傍点、引用者）であったからだ（大野　一九六二：一〇四および一〇六）。結局、大野の「潔白が証明された」かたちとなったものの（大野　一九六二：一四二）、「昭和電工事件により、大野の力は一気に低下し、次々と人が離れていった」（大野・大野監修　二〇二一：一一七）。通例、「多くの人は、こうした事件に引っかかると、たとえ白日の身になつてもその苦悩のため心身をすりへらしてしまうものである」が、大野の場合、「参るどころか、図太く逞しく試煉をのりこえて力の政治家であることを、自ら立証した」のであった（佐藤　一九五七：二〇一）。

なお、このころ、総裁であった「吉田が政党に関心を持たなかったこともあって、幹事長あるいは党三役としての大野は、存分に党を通じての利権のウラオモテを操ることができた」との見方もある。そのため、「特別に政策に明るかったわけでもなく、財界と太いパイプを通じていたわけでもないのに、あれだけの地位を築くことができた」というのだ（現代政治問題研究会編　一九七九：五七）。

ちなみに、幹事長時代の大野は、「廿二年三月の選挙法改正には最も力をいれた」ようで、「これによつて大選挙区制は現行の中選挙区制に改められた」（佐藤　一九五七：一九一）。くわえて、大野の「幹事長としての大きな仕事の一つは、総選挙で四十数名から百四十名余に一挙にふくれ上がった議員の活動を支える党本部を拡大すること」にあり、建築申請を行うなどしたことも付言しておきたい（自由民主党編　一九八七a：三〇）。かくして、「党運営が不得手の吉田は、大野の素直な仁義と調整能力を高く評価し、二期一年九ヵ月間も幹事長ポストを預けることとなったのだ（浅川　二〇〇二：一二〇）。

（三）衆議院議長としての大野伴睦

一九四九年二月一六日の「第三次吉田内閣発足にともない、大野は衆議院商工委員長、その後、商工省が通商産業省に改組されたことで通商産業委員長」に就任した（大野・大野監修　二〇二一：一二三）。そして、「ちょうど、二十七年八月の第三次吉田内閣」時、大野は「吉田さんの鳩山先生に対する態度が気に入らず、大いに憤慨していた」ということもあって、「いまさら議長になれといっても『俺はいやだ』」と、〝御三家〟の仲間である林譲治と益谷秀次の説得を拒んでいた。だが、最終的に、大野は、第一四回国会（常会）において、衆議院議長に就任する。ところが、大野も認めているように、「議長に就任した三日目、突如として吉田さんは国会を解散してしまった。いわゆる『抜打ち解散』で、短期間の議長とは承知していたが、まさか三日坊主とは知らなかった」との思いを吐露することとなってしまった（大野　一九六二：二〇〇―二〇一）。なお、このときの「解散は、憲法第六十九条ではなく、第七条のみによって初めて行われたものである」ことを付言しておこう（衆議院・参議院編　一九九〇：四四四）。

そもそも、吉田茂が「ぬき打ち解散」を決意した背景には、この当時「自由党内に足場を固めていた鳩山派の吉田追い込み作戦に対する正面切った切り返し」と「第一四回通常国会で冒頭から当然予想された野党攻勢を、これで肩すかしする考えもあった」ようだ（藤本　二〇一一：六九）。ちなみに、このとき、「自由党内では佐藤栄作、池田勇人ら一部の吉田側近によって選挙準備が進められ、幹事長の林すらにも事前に相談がなかったという」（楠　二〇〇六：二一二）。この吉田のやり方に「あわてた三木武吉は、取るものもとりあえずという勢いで衆議院の議長室にどなりこみ、『こんな馬鹿な解散があるか！　民主主義を逆転さすものだ！』と、三日議長の大野伴睦氏におこってみた」そうだ（重盛　一九五六：一九四）。結局、一九五二年八月二六日から二八日までの文字どおり、〝三日天下〟でしかなかったが、議長就任というかたちで、大野と吉田の距離が縮まったことを受けて、「三木武吉氏ら鳩山側近の人びとは、これをもって大野の裏切行為として痛罵を浴びせたのであった」（大野伴睦先生追想録刊行会編集委員編　一九七〇：七三）。

ところで、大野は、一〇月二四日にふたたび衆議院議長の座につき、一九五三年三月一四日まで、その職にあった。第一五回国会（特別会）の開会式にあたり、大野は、「国会は第二十五回総選挙による新議員を迎え、独立後最初の開会式を行うに際し、誓つて日本国憲法の精神を体し、最善の努力を捧げてその任務を遂行し、もつて国民の信託に応えようとするものであります」との式辞を述べた（衆議院・参議院編　一九六〇：七六一）。この大野のことばからもわかるように、独立後の日本がかかえるさまざまな課題への取り組みについての国会論戦が期待されていた。だが、この国会では、通産相であった池田勇人が「『インフレ経済から安定経済に向かうとき、やみ取り引きその他正常な経済原則によらないことをしている者が、倒産したり、また倒産から思い余って自殺するようなことがあっても、気の毒ではあるがやむを得ない』旨の答弁を行った」ことで、一一月二八日、池田国務大臣不信任決議案が提出されるにいたった。採決では、「鳩山派の二五人が欠席した」こともあり、決議案は可決され、翌二九日、池田は職を辞した（衆議院・参議院編　一九九〇：四五〇）。ちなみに、「国務大臣の不信任決議案の通過は、これが戦後はじめてのケースであった」（富田　一九九〇：二七八）。

また、第一五回国会では、「議員吉田茂君を懲罰委員会に付するの動議が三月二日衆議院本会議に上程され、自由党の反吉田派六八人が欠席した」ことで、同動議が可決されるという事態も生じた。これは、一九五三年二月二八日、「野党委員の国際情勢と中立政策についての質問中、吉田首相が『バカヤロウ』との不規則発言」を行ったからであった。こうしたなか、三月一四日には、吉田内閣不信任案が上程され、可決されることとなった。この背景には、同日、「自由党鳩山派の大半の二二人が自由党を離党」し、「いわゆる鳩山自由党を結成した」ことも大きい（衆議院・参議院編　一九九〇：四五一）。いずれにせよ、バカヤロウ解散によって、大野の議長としての職務は終わりを告げた。

（四）保守合同の立役者としての大野伴睦

当時、保守合同に向けての「工作の焦点は大野総務会長の動向にあるというのが三木の判断であった」（内田　一九八一：三二）。そのため、一九五五年二月二七日の第二七回衆議院選挙の直後から、三木武吉は「自由党の筆頭総務船田中氏に対し、今後の国会運営について、大野君と相談してみたいと、暗に大野先生の意嚮打診方を求めていた」。三木の考えでは、「多年政党人としての豊富な経験を有する者にして、はじめて達成し得る至難中の難事であるから、反対党の中から大野先生を求めて相談相手としたかった」ということかもしれない（大野伴睦先生追想録刊行会編集委員編　一九七〇：八五―八六）。

だが、大野によれば、「三木武吉氏と私の関係は、保守合同問題が起きるまでこの『政敵』であり、しかも三十数年間、お互にお茶一ぱい飲むことすらなかった」とのことだ。そうした二人が、保守合同にむけて、同年五月一五日に、ようやくことばをかわす。電話口で保守合同の重要性を説く三木に対して、当初、大野は「保守合同という錦の御旗をかついで、自由党を鳩山内閣の延命工作に利用する手だてかも知れない」との疑念をいだいたようだ。だが、おなじ日の夕刻に二人だけで会い、三木の話を聞いた大野は、疑念を払拭するどころか、三木のことばに「感激してしまった」そうである。そして、「一時間足らずの会談で、私の心には、政敵三木さんは去り、同志三木さん」の存在があったのだ（大野　一九六二：一五七―一六〇および一六二―一六五）。なお、大野と三木の話しあいでは、「双方とも近く鳩山を引こめて両党の合同、緒方登場の点は同意であつた」ものの、「鳩山が来年三月にやめると民主党側から約束したが、大野は十二月と切り出した」といった具合に、鳩山から緒方竹虎へのバトンタッチの時期については、両者のあいだで、認識の隔たりがあったようだ（芦田　一九八六：四一三―四一四）。

こうしたなか、「結党大会の寸前、誰を初代総裁にするかで自由、民主の両党が折り合わず、ついに鳩山、緒方両氏が相争う形勢となって、折角の合同も、とんでもない壁にぶっつかってしまった」。このとき、「すべてがご破算になっては、まことに残念だ」との思いをつよくもっていた大野が「戦前の政友会に、総裁代行委員制のあったことを思い出した」ため、「鳩山、緒方、三木、大野の四代行委員が生まれた」のであった（大野　一九六二：一七一）。このアイデアをめぐって、「自由党内では旧吉田派が先頭に立って反対したが、松野鶴平、大野伴睦らがここで決選投票を行ってかりに僅かの差で勝っても党内にしこりが残り、強い政治を行うことができなくなるおそれがある、いずれは緒方の時代が来るのだから、と緒方説得につとめた」ようである（緒方竹虎傳記刊行會編　一九六三：二一二）。また、のちに初代総裁となる鳩山にいわせれば、「三木、大野、緒方の三君こそ、保守合同の本當の殊勳者であり、自民黨を作り上げた功勞者なのだから、この三人が總裁代行委員に推されたのは、當然の成行きであつた」とのことだ（鳩山　一九五七：一七三）。

だが、関係者の証言によると、もともと、大野は、総務会長のポストにつくことが予定されていたという。保守合同にむけての初の大野・三木会談をセッティングした、毎日新聞社の西谷市次によれば、総裁代行委員のメンバーは、「当初の人選では民主党側が鳩山・三木、自由党側は緒方・松野（鶴平）案であった」そうだ。とはいえ、保守合同の過程で、大野がはたした役割の大きさを熟知した西谷は、「三木さんに抗議したところ、緒方君の考えで自分も『大野君を（代行委員）にしたいのだ』とのこと。それじゃ緒方さんさえ異存がなければ宜しいのか、ということになって緒方さんに了解を求めたら『三木君さえよかったらそれで結構です』」といった具合に、大野の総裁代行委員就任に骨折ったようだ（大野伴睦先生追想録刊行会編集委員編　一九七〇：二六六）。いずれにせよ、こうして、総裁代行委員・大野が誕生した。

「保守合同は終戦以来の三木の強い執念でもあった」が、同時に、「三木が突如として保守合同をよびかけた直接のきっかけは、鳩山内閣の国会対策が統一した社会党と自由党を敵にまわし、のっけから難渋した」結果であった（冨森　二〇〇六：九七）。ということは、大野がうまく三木のペースにのせられたというい方もできなくはない。現に、大野はみずからの選挙公報で、「多年に亘り幾多の先輩が成し得なかつた保守合同の大業を完成したのであります。これこそ永く日本政治史に光彩をはなつものと確信するものであります」と記しており（岐阜県選挙管理委員会「昭和三十三年五月二十二日執行　岐阜県第一区　衆議院議員総選挙公報」：一）、保守合同にむけた三木の魂胆をみぬけなかった可能性はある。さらに、興味深いのは、三木の秘書・重盛久治が、「三木武吉という人は、昔から非常の場合はあまりインテリを用いない」として、「したがってこんどの保守結集について、大野氏を選んだのも思い当るものがある」と述べている点である（重盛　一九五六：一三）。

（五）　閣僚としての大野伴睦

大野は、「世間では代議士は大臣病患者が多すぎるというが、政治家たる者、大臣を志ざして自から抱負経綸を政治に反映させなくて、なにが本懐といえよう」と断じているように、かつて、第五次吉田内閣の折り、周囲から、「一度くらいは大臣をやっておけ」といわれ、「北海道開発担当の国務大臣になった」ことがある。しかし、「自由党三役改選で、吉田さんは幹事長に政調会長の池田君の起用を考えたが、党内に強い反対があって難航」するなか、大野は国務大臣を辞し、「吉田構想に支障のないように総務会長になった」こともあった（大野　一九六二：一一九および一三二―一三三）。

このように、大野が、池田の幹事長就任に協力した背景には、池田への高い評価が関係しているようだ。もともと、大野は、「概して官僚出身は出世街道を歩くことが、第二の天性のようになっている。僅かなことでも、自分に有利な材料があれば利用することを、決して忘れない。その点、生粋の党人上りは大まかというのか、スキ間だらけというのか、目先きの勝負ではお役人さんにはかなわないようだ」と語るなど、党人派・大野は、官僚派を毛嫌いする傾向があった（大野　一九六二：一二四）。こうした党人派の「官僚ぎらいは、戦前の官僚絶対優位の政界でことある毎に官憲に弾圧された苦い体験から発している」とされる（冨森　二〇〇六：一六〇）。

ところで、大野が、「北海道開発庁長官を担当」することとなったのは、一九五四年一月一四日からのことで、現実には、すでに一九五三年五月二一日の時点で、「第五次吉田内閣の国務大臣に就任」していた。そして、六月三〇日からの三五日間、大野は、西日本災害総合対策本部の現地派遣本部長となった（大野伴睦先生追想録刊行会編集委員編　一九七〇：七八、八〇および三六〇）。だが、このとき、「『大風呂敷をひろげるばかりで、対策はなんにもない大臣だ』と声があがる始末」であったという（朝日新聞社会部　一九五九：三七七）。

第三節　総裁代行委員辞任後

（一）　自民党総裁選挙と大野伴睦

「今後も私の役割は、政党政治を進めて行くかげのカジ取りだと考えていた。だから党総裁、総理などにのしあろうとは、夢にも考えていなかった」と断じていた大野であったが、一九六〇年七月一三日に予定されていた、自由民主党（自民党）総裁選挙への出馬を表明したことがある。このときの出馬のきめ手は、とりわけ、安保闘争などを引き起こした岸信介の「官僚権力主義」的な政治手法にあったようだ（大野　一九六二：一四四および一五一―一五二）。

総裁選挙に立候補した大野は、驚くべきことに、「投票間ぎわになって、立候補を辞退した」。このいきさつについて、大野は、同じ候補者の石井光次郎陣営とのあいだで、「上位優先の盟約があった」ことにふれている。具体的には、「私と石井君と、どちらでも第一回投票で上位を占めたほうに、決選では下位の派があげて投票するという約束」のことであった。ところが、「参議院の石井派が池田派に切りくずされ、総くずれになってしまった」「藤山派の票も岸（信介）君の最後の猛工作の結果、ほとんどが池田君に流れることになった」という情報が入ってきた。このことを受け、〝党人派連合軍〟のあいだで話し合いがもたれ、「私の支持票は結束が堅く、私がおりても一本になって石井

（光次郎）君に集まるが石井君が決選に残らなかった場合、石井君の支持票の大部分は大野派との盟約を破り、池田（勇人）君に投じられるという見通しだった」ため、最終的に、「『党人派』が勝つためには、私がおりて、私の支持票を石井君に与える以外にないということになった」と、大野は述懐している。こうした大野の立候補とりやめというアクシデントもあり、投票の期日が延期されたが、その「一日の間に足並みの乱れた党人派連合軍が次々に切りくずされた」ため、「矢折れ、弾つきて、この戦いは党人派の敗北に終った」。大野は、「敗北の理由は簡単にいえば、弾丸が足りなかったことだ」と分析しているが（大野　一九六二：一五二―一五五）、これは、この当時の自民党総裁選挙がいかに金権選挙であったかを物語ることばであろう（浅野　二〇一九：九九―一〇四）。

加えて、この総裁選挙では、党人派連合の中軸的存在であった川島正次郎の裏切り行為が大きかったともいえる。大野自身、「致命的だったのは、川島君の寝返りであった。午前四時ごろ、『二十四名の手兵を連れ、岸と手を切ってくる』と断言した川島君が同じ日の午後五時には、『池田に入れる』と公言していた」（傍点、引用者）と、憤りをあらわにしている（大野　一九六〇：一二）。これに対して、川島は、「それはまったく筋違いの話。わたしゃあ、岸政権の時に大野副総裁には大変世話になったので、恩返しのつもりで大野支持をして義理を果たすつもりだった。ところが大野が降りたのでは残念ながら、その必要も機会もなくなってしまった」と述べていたことを付言しておく（浅川　二〇〇二：一一一）。では、なぜ、川島は裏切ったのであろうか。「かなり複雑な事情があったといわれる」が、「安保騒動中の政治資金の使いこみを岸に握られ、岸から離反に踏み切れなかったという説から、大野に立候補を辞退説得したのも、はじめから党人派切り崩しをねらって仕組んだ芝居だとする説まであった」という（冨森　二〇〇六：一六三）。その証左に、「岸派を三分して、一部は藤山につけ、川島系は党人派だと称して大野に向け、それから岸直系が池田支持というようにうまく分けてあった」と述懐するジャーナリストも存在する（後藤・内田・石川　一九八二年：一九〇)。

(二) 政権禅譲の〝密約〟と大野伴睦

この総裁選挙以前に、岸内閣の後継をめぐって、〝密約〟がかわされていたことは、周知のとおりである。「警職法改正法案審議の行きづまりと、会期延長の強行によって苦境に陥った」岸は、大野の協力を求めるとともに、「岸内閣を救ってくれ、そうしたら安保改定直後に退陣して必ず大野さんに政権を渡す」との文書をつくったのだ。そして、その文書には、「大野の次は河野、河野の次は佐藤という政権の順序まで約束」されていたという。ところが、「この証文は『空手形』になった」ばかりか、岸からの政権禅譲の〝密約〟の証文は、池田、石井、藤山愛一郎らにもわたっていたのであった(大野　一九六二：一四四および一四六―一四八)。ちなみに、大野と岸が密約をかわす場に同席した児玉誉士夫は、一九六〇年七月一三日に予定されていた総裁選挙をまえに、「大野伴睦のために岸信介を訪ね、池田を支持するのか、大野を支持するのか、ハッキリいってくれと詰め寄ったところ、岸は返答に窮して、クジ引きにしてはどうかといった」そうだ(大宅　一九八一：三一二)。大野が、政治の世界において、海千山千の経験をしてきたにもかかわらず、このような密約の有効性を確信していたということは、大野自身、「大まかで、スキが多く、浪花節的な情誼の体質」であったという事実を物語っているにちがいない(大野伴睦先生追想録刊行会編集委員編　一九七〇：二六九)。いずれにせよ、「それまで大野が本気で総理をめざしていたかどうかは疑わしい」とされるものの、「この密約を契機に大野が総理の座に色気を持ち始めたのは事実である」ようだ(安藤　二〇一三：六五)。それゆえ、「大野が岸退陣後の総裁選挙に出馬した背景には、この空証文発行の一幕がひそんでいた」といってよさそうである(内田　一九六九：一三七)。

では、政策に明るくないとされる大野は、首相就任後、国会での答弁をすることができると考えていたのであろうか。大野と懇意な関係にあった読売新聞社・主筆の渡邉恒雄によれば、大野は「『そのご質問に対しては外務大臣に答えさせます。そのご質問に対しては通産大臣に答えさせます。大臣の答えたことは、私のいっていることと同じであって、全責任は私が持ちます』。こういえばいいだろう」と、応じたそうだ。この答えを聞いた渡邉が、「真面目に聞いているんですよ」といったところ、大野は「なんにも答弁しないでも半年は持つだろう。半年で辞めるから」と、語ったという（御厨監修 二〇〇七：一八六―一八七）。

(三) 副総裁としての大野伴睦

大野は、「院外団あがりの私が、党幹事長、総務会長、閣僚、衆議院議長を歴任して保守合同で一役果し、党副総裁にまでなった」と述べているが（大野 一九六二：一四四）、一九五七年七月一六日以降（自由民主党編 一九八七b：一四五二）。大野は、「通算七期副総裁をつとめた」ことで知られる（自由民主党編 一九八七a：三九六）。これは、じつに、通算二一四二日に達するそうだ（『日本経済新聞』二〇一七年八月二七日：三二）。そのため、生前も、「この先、生きているかぎり大野は副総裁だろうといわれるくらい」であった（宮崎 一九六四：三九）。そして、文字どおり、副総裁のまま、一九六四年五月二九日に、大野は息をひきとった。副総裁在任中、「大野は党副総裁という立場を利用して、自派の議員を有力ポストに次々送りこみ、派内、党内に隠然たるニラミを利かしていた」ことはいうまでもない（冨森 二〇〇六：二六五）。他方、みずからが敵視する人物の入閣をめぐって、大野は断固、反対の姿勢をつらぬいたという。その好例が、政権禅譲の〝密約〟をかわした場で、「岸内閣を救ってくれ、そうしたら安保改定直後に退陣して必ず大野さんに政権を渡す」といって、「手をついて頼む」ことをしたものの（大野 一九六二：一四六）、それを履行しなかった佐藤栄作への対応である。現に、池田総裁のもと、「副総裁の大野が非常に佐藤をきらいで、佐藤を入閣させるなという」など、「佐藤だけが除け者」となっていて、これこそが大野による「猛烈な人事抗争でした」との証言もあるほどだ（後藤・内田・石川　一九八二：二一一）。

ところで、河野一郎は、「『議論や、理屈をこねたい者は、私の春秋会に来なさい。それは嫌いで、酒を飲み、芸能をたのしむ者は、大野さんの白政会に行きなさい』と、いった」とされる（三鬼　一九五九：一一一）。この発言からもわかるように、「高度の政策論議などといったものはきかれなかった」大野派であるが、なぜ、その結束はかたかったのであろうか。それは、大野が「人事になると、ガ然ハッスルした」ことと大いに関係がある。要するに、大野は「党副総裁としての地位を使い、自派への閣僚割り当てをふやしたり、自分の思った人間を押し込んだりした」からだ（現代政治問題研究会編　一九七九：五三―五四）。だからこそ、いわゆる「総裁派閥でないにもかかわらず、晩年まで四十人台の衆院議員を擁する大派閥を維持」することができたのであろう（内田　一九八三：四一）。

先述したように、大野がはじめて副総裁となったのは、岸総裁時の一九五七年七月一六日のことであったが、じつは、「大野伴睦は岸にとってはもっと油断のならぬ人物であった」。というのは、「大野は一九五六年の総（裁）選挙では石橋を支持しながら、石橋が約束した副総裁のポストを渡さないとみるや、岸につくなど変幻自在のところがあった」（カッコ内、引用者補足）からだ。結局のところ、「岸もそのあたりを十分承知して主流体制強化の打算から、副総裁に据えたにすぎなかった」という事実に注目する必要があろう。「あらゆる面で経歴の違いすぎる大野とはハダが合わなかった」岸にとって（冨森　二〇〇六：一四二）、党務生活の長い大野は、「双方のいい分をどこかでとりいれてまとめてしまう」、「〝足して二で割る〟妥協の男」であり、「政策実行などという本道ではなく、いかにムリなく党をまとめるかというほうの専門」家でしかなかったのである（現代政治問題研究会編　一九七九：五〇および五二）。

（四）大野伴睦の対外観

まず、対米観からみてみよう。選挙公報には、「われわれは安保条約の存在が若干の混乱はあったにせよ、日米親善関係の太い綱となり、これあるが故に今日日本が世界に例をみない経済発展をとげ得たものと確信している」と書かれており（岐阜県選挙管理委員会「昭和三十五年十一月二十日執行　岐阜県第一区　衆議院議員総選挙公報」：二）。大野にとって、対米関係こそが日本外交の基軸であった。

大野は、「『親台湾グループ』、すなわち『台湾ロビー』の一人」であり、「中華人民共和国という存在を好ましからざるものと見なし、国交のある台湾の中華民国との関係深化を唱えていた」人物とされているが（大野・大野監修二〇二一：一八二）、第二九回衆議院選挙（一九六〇年一一月二〇日）の大野の選挙公報には、「われわれは対米親善を外交の基調とはするが、中ソを含む共産圏諸国に対して門戸を閉し、敵をつくることは毫も考えていない」との文言が明記されている（岐阜県選挙管理委員会「昭和三十五年十一月二十日執行　岐阜県第一区　衆議院議員総選挙公報」：二）。だが、第三〇回衆議院選挙（一九六三年一一月二一日）の選挙公報になると、「日米友好を否定し、中ソに近づけば失うところのみ大きく、得るところは無に等しい」とまで断じている（岐阜県選挙管理委員会「昭和三八年一一月二一日執行　岐阜県第一区　衆議院議員総選挙公報」：二）。このように、大野の外交姿勢は一貫していないようである。

加えて、韓国との関係改善についても、もともと、大野は消極的であった。なぜなら、「旅館で芸者をあげて飲んでいたとき、韓国人の暴漢が『大野、殺してやる』とピストルを持って飛び込んでくるという事件」を経験していたことが大きいようだ（御厨監修　二〇〇七：二四一―二四二）。ところが、韓国中央情報部長の座にあった金鍾泌に対して、「箱根の小涌園の別荘で大野副総裁が朝食会を催し、そこで日韓問題の懸案について、ざっくばらんに話し合った」り（自由民主党広報委員会出版局編　一九七六：二六六）、さらには、みずから韓国を訪問したりする（一九六二年一二月一〇日～一三日）など（大野伴睦先生追想録刊行会編集委員編　一九七〇：一〇三）、大野はその対韓スタンスを大きく変化させる。そのうえ、一九六三年一月一日発行の雑誌では、「韓国と日本とは歴史的に深いつながりを持つばかりか、自由陣営に立つアジアでの唯一の隣接国であることからも、これまでの国際情勢からみて、当然、相提携し、両国の安定と繁栄を図らねばならなかつた」としたうえで、「わが国としても、この機会を逃すことなく、早期妥結に踏み切ることがなによりも肝要である」と、日韓国交正常化の早期実現を訴えたのである（大野　一九六三：一五）。このように、「当初はこの問題について慎重だった大野を中心とする党人派が、しだいに積極的になっていったのは、韓国側のロビー活動が奏功した」からであった。その好例として、韓国側は、「池田首相が大平・金の取り決めの裁断を保留していたとき、大野の力を借りて池田の承認を引き出す工作」を行ったのだ（ダニエル　二〇一三：九五および一二三）。ここでいう「大平・金の取り決め」とは、「後に『大平・金メモ』と呼ばれる合意文書」のことであり、そこには「無償三億ドル、有償二億ドル、（民間借款）一億ドル以上デ両首脳ニ建議スル」と記されていた（『朝日新聞』二〇〇〇年八月二四日：三四）。このように、「大野の活躍ぶりは韓国の首脳部にとって、まさに恩人というにふさわしいものであった」（ダニエル　二〇一三：一〇二）。

おわりに

大野のウリは、義理人情の浪花節の世界であった。だが、大野には、もう一つの顔があった。ここで、日本ではじめて女性閣僚となった中山マサが初出馬したときのことについてふれておこう。中山によると、「第二回目の単記制の時（一九四七年四月二五日：第二三回衆議院選挙）に初めて立候補して、選挙運動を始めて一週間目に、帰阪された有田二郎代議士が『あなたは当選されるような予感がする。大野幹事長に写真電報で公認をお願いしなさい』と電話で勧めて下さった」ので、さっそく、「指示通り写真電報を打ったが、大野幹事長からは梨のつぶてに終ったが奇跡的に自由党の公認を次点におさえて当選した。有田代議士の指示通りにしたのに大野幹事長からは無視された不満もあり郷土の一松（定吉）代議士に対する義理もあって、私は反対党に入党した」（カッコ内、引用者補足）とのことだ（大野伴睦先生追想録刊行会編集委員編　一九七〇：一七一―一七二）。第一七回衆議院選挙のとき、政友会の公認を得られなかった大野は、「この時位、僕は人生悲しかった事、口惜しかった事はない」との思いを吐露していた（大野　一九五二：九五）。こうした過去があるにもかかわらず、公認を求める中山に対して、大野はみずからが受けたのとおなじ不義理な態度をとったということになる。中山のこの話からは、義理人情を重んじ、「自ら親分として『子分を可愛がる』意味の浪花節」的とまでいわれた大野の姿はみじんも感じられない（宮崎　一九六四：四〇）。かつて石橋湛山が指摘したように、大野の「義理人情など、ご都合主義の義理人情」といわれてもしかたなかろう（石橋　一九八〇：二一九）。

ところで、政治学者の篠原一は、自民党の政治家のリーダーシップをめぐって、《官僚・経済派》、《官僚・政治派》、《党人・カン型》、《党人・ハラ型》という類型化をこころみている。そして、それぞれの代表格として、順に、池田、佐藤、河野、大野の名をあげている。篠原によれば、大野は、「政治とは、所詮彼自身の愛好する『関ガ原の戦い』のように、群雄相競う戦記ものにすぎない」との思いをもっており、大野ほど、首尾一貫ということばと無縁な政治家はいないとされる。なぜなら、「首尾一貫とは、元来論理のあるものにのみ妥当する言葉」であって、大野のように、「群雄割拠のダイナミクス、及び政治をそのようなものとしてみている人間にはあてはまらない」ことばであるからだ。だが、皮肉なことに、自民党内では、「こういう状態こそ、リーダーが、『ハラ』と『ハラ』とで、取引することが出来る恰好の場」となってしまっていて、大野は、「『ハラ』の政治」によって、確固たる地位をきずいてきた人物なのである。さらに、「一種独得の大衆感」をもつ大野は、じつのところ、「大衆観と対になっている」、「古い『帝王』に対するあこがれ」を有していて、それこそが、大野の「パースナリティの一面をよくあらわしている」というのだ。それゆえ、大野の「大衆観は、このような帝王崇拝とセットにした時はじめて理解される」というわけである（篠原　一九六二年：一〇二、一〇七―一〇八、一一〇および一一三―一一五）。こうした視点は、幹事長という一種帝王的な立場にあった大野が、中山を公認しなかった理由を探るうえで、有益な示唆をあたえているのではなかろうか。

参考文献

浅川博忠（二〇〇二）『自民党・ナンバー2の研究』講談社。

浅野一弘（二〇一九）『ラジオで語った政治学2』同文舘出版。

朝日新聞社会部「日本人」臼井吉見編（一九五九）『現代教養全集七　日本人』筑摩書房。

芦田均著、進藤榮一編纂者代表（一九八六）『芦田均日記』〔第五巻〕岩波書店。

阿部眞之助（二〇一六）『戦後政治家論―吉田・石橋から岸・池田まで―』文藝春秋。

安藤俊裕（二〇一三）『政客列伝』日本経済新聞出版社。

石橋湛山（一九八〇）「《湛山回顧》第二部　戦前・戦後の日本の政治」『自由思想』第一七号。

内田健三（一九六九）『戦後日本の保守政治』岩波書店。

内田健三（一九八一）「三木武吉―保守合同の鬼―」内田健三・中村勝範・富田信男・渡邊昭夫・安東仁兵衛『日本政治の実力者たち（三）　戦後』有斐閣。

内田健三（一九八三）『派閥』講談社。

大野つや子・大野泰正監修、丹羽文生著（二〇二一）『評伝　大野伴睦―自民党を作った大衆政治家―』並木書房。

大野伴睦（一九三六）『新論石田三成』藍南社出版部。

大野伴睦（一九五二）『伴睦放談』金融界社。

大野伴睦（一九六〇）「陰謀政治は許されない―伴睦ここに大死一番―」『サンデー毎日』一九六〇年七月三一日号。

大野伴睦（一九六二）『大野伴睦回想録』弘文堂。

大野伴睦（一九六三）「今年こそ日韓交渉の早期妥結を…」『経済時代』第二八巻第一号。

大野伴睦先生追想録刊行会編集委員編（一九七〇）『大野伴睦―小伝と追想記―』大野伴睦先生追想録刊行会。

大宅壮一（一九八一）『大宅壮一全集』〔第十三巻〕蒼洋社。

緒方竹虎傳記刊行會編（一九六三）『緒方竹虎』朝日新聞社。

楠精一郎（二〇〇五）『昭和の代議士』文藝春秋。

楠精一郎（二〇〇六）『大政翼賛会に抗した40人―自民党源流の代議士たち―』朝日新聞社。

現代政治問題研究会編（一九七九）『自民党悪名列伝』現代評論社。

後藤基夫・内田健三・石川真澄（一九八二）『戦後保守政治の軌跡』岩波書店。

佐藤一（一九五七）『富有集』新小説社。

重盛久治（一九五六）『三木武吉太閤記』春陽堂書店。

篠原一（一九六二）『現代の政治力学―比較現代史的考察―』みすず書房。

衆議院・参議院編（一九六〇）『議会制度七十年史』〔国会史　上巻〕大蔵省印刷局。

衆議院・参議院編（一九九〇）『議会制度百年史』〔国会史　上巻〕大蔵省印刷局。

自由民主党編（一九八七ａ）『自由民主党党史』自由民主党。

自由民主党編（一九八七ｂ）『自由民主党党史』〔資料編〕自由民主党。

自由民主党広報委員会出版局編（一九七六）『秘録・戦後政治の実像』自由民主党広報委員会出版局。

住友憲一郎（一九五九）「大野伴睦と大野派の生態」『日本及日本人』第一三九八号。

ダニエル、ロー（二〇一三）『竹島密約』草思社。

富田信男（一九九〇）「凋落を辿る吉田政権―第一四回国会〜第一九回国会―」内田健三・金原左門・古屋哲夫編『日本議会史録　四』第一法規。

冨森叡児（二〇〇六）『戦後保守党史』岩波書店。

鳩山一郎（一九五七）『鳩山一郎回顧録』文藝春秋新社。

藤本一美（二〇一一）『増補「解散」の政治学―戦後日本政治史―』〔第二版〕第三文明社。

御厨貴監修、伊藤隆・飯尾潤聞き手（二〇〇七）『渡邉恒雄回顧録』中央公論新社。

三鬼陽之助（一九五九）『政界金づる物語』実業之日本社。

宮崎吉政（一九六四）「生粋の政党政治家・大野伴睦論」『経済時代』第二九巻第三号。

第三章　緒方竹虎（総裁代行委員）
――非政党人としての党内基盤の確立――

問題の所在

緒方竹虎は、戦前においては言論人であり、六九年間の生涯のうち、五七歳までを新聞社で過ごした。政治家としてのキャリアは、一九四四年から五六年までの約一二年間であり、しかもそのうち五年間は公職追放の憂き目にあった。しかし、それまで言論人としてのキャリアのなかで培ってきた政治リソースが、一九五〇年代の局面においては開花し、自由民主党結党時には総裁代行委員の地位にまで昇りつめた。政治家になるためのリソース、すなわち後援会組織（ジバン）・知名度（カンバン）・政治資金（カバン）といった、いわゆる「三バン」を緒方はどれだけ有していたのか、また、何が強みであり、弱みであったのだろうか。

本章では、言論人であった緒方が、どのようにして「政治」に向き合うようになり、自民党総裁代行委員となっていったのかをみていきたい。

第一節　出生から国会議員になるまで

（一）　幼少期

緒方竹虎は、一八八八年一月三〇日、内務省で山林行政を専門とする書記官・父道平、母久重の三男として山形市に生まれた。祖父・緒方郁蔵は研堂と号し、蘭学を学んだ医学者であった。備中後月郡簗瀬村（現在の岡山県井原市芳井町簗瀬）の出身で、江戸で蘭学を学び、兄弟子・緒方洪庵が大坂に開いた適塾を助け、洪庵と義兄弟の約を結んで緒方姓を名乗った。郁蔵と妻エイ子の間には、三男一女があったが、一八七一年二月、備中の郷士・妹尾康信の三男・道平を養子に迎えた。

緒方の父の道平は、蘭学者・緒方洪庵の門人である伊藤愼蔵の私塾に学び、一八七三年のウィーン万国博覧会のときにはドイツ語通訳として政府派遣使節団に加わるなどの経歴をもつ。オーストリアに留学し、ウィーンの大学で林政を実習した。一八七六年一月に帰国、内務省入りした。一八八七年、山形県参事官ならびに書記官として山形市に赴任し、同地において一八九二年まで勤務した。妻、久重との間に四男二女をもうけたが、竹虎が生まれたのは、この山形在勤中であった。

官舎の隣りには、のちに陸軍大将となる小磯国昭が住んでいた。小磯と緒方は年齢も大分違っていたが、「小磯との関係は家庭的である。双方の父親が山形県庁に務めていたという関係からお互いに好意は持っていた」ことがきっかけで（嘉治　一九七三：四〇九）、のちに首相と閣僚という関係をもつこととなった。

一八九二年一一月、緒方が四歳のとき、道平が福岡県書記官（戦後の副知事）に転任となったため一家は福岡市に移った。以後、緒方にとっては同地が故郷となり、戦後、国会議員選挙に立候補した際には、この福岡一区から出馬することになる。

緒方は、一八九四年に福岡師範学校附属小学校に入学した。在学当時の教師の一人に、担任ではなかったが玄洋社・頭山満の姪の夫・柴田文次郎がおり、緒方はその薫陶を受けた。柴田は文城と号し、国士的文人ともいうべき風格を有し、長髯をなびかせながら馬に乗って登校し生徒にも人気があった。

緒方の小学校時代における最大の事件は、父の退官であった。一八九七年五月、福岡県書記官の職にあった道平は、松方内閣の成立によって勇退することとなった。依願免官であった。当時の内務省は、諸官庁のなかでも最大の権力をもっており、内閣がかわるたびに警察の署長のレベルまで人事交替を行った。立派な経歴であったにもかかわらず、藩閥の背景もなくかつ上司に抜け目なく取り入ろうとしない道平は、福岡県書記官を最後に官僚生活を終えたが、このことがよほど腹に据えかねたとみえ、子供たちに「お前らは一生役人になるな」と語り、その言葉が幼い緒方に深い印象を与えた。のち道平は、福岡県農工銀行の初代頭取に就任し、福岡では温厚な長老として敬重されたという（緒方竹虎伝記刊行会　一九六三：一三）。

緒方は、一九〇一年四月、県立修猷館中学に入学する。修猷館は元黒田藩の学習所で、中学の同級生には、安川第五郎（安川電機会長）、一年上に中野正剛（新聞記者、政治家）がおり、また一年下には田中耕太郎（最高裁長官）などがいた。緒方に前後する同校の卒業生には、外交官となった山座円次郎、広田弘毅、平田知夫、守島伍郎、日高信六郎のほか、ジャーナリストとして笠信太郎、大西斎など錚々たる顔ぶれが揃っていた。

中学四年のとき、緒方は日露戦争における日本の将兵の活躍を賛美して、「戦争の感化」と題する作文を綴っている。日露戦争は中学三年の頃に始まったが、その戦勝が、少年時代の緒方に感銘を残した軌跡を垣間みることができる。緒方は成績が優等であっただけでなく、操行は全部甲で級長を続けた。この学力ならば、一高、東大のコースを経て官界、政界に行くことも困難ではなかったであろう。日露戦争に勝った勢いで青年たちは星雲の志を立て、陸海軍将校や大臣、宰相を夢みた者が多く、緒方のように商人を志す者は少なかった。

一方、緒方の生涯の友となる中野は、中学の国語・漢文の教師のすすめで、「菊池寂阿公」と題する作文を書き、これがはじめて活字となって修猷館中学の『同窓会雑誌』に収められ、早くも文章家としての片鱗を示していた。緒方は、将来は中国を相手に貿易商になろうと考え、一九〇六年、東京高等商業学校（旧制専門学校の高商。現在の一橋大学）に入学する。

（二）中野正剛との出会い

中野の一級下であった緒方にとって、中野との出会いは大きな意味をもった。当時の修猷館の生徒は体育として、柔道をやるか剣道をやるかで、交遊も一生の方向も自然と分かれたという。中学在学中、緒方が特に打ち込んだのは剣道だった。中野は、中学時代から箱田六輔、平岡浩太郎、頭山、進藤喜平太らを中心とする玄洋社の人間と交わり、それが中野の人間形成に及ぼした影響は決して小さくはなかった。中野は、学生時代から好きな柔道道場を仲間とつくるため、玄洋社の平岡に援助を頼んでもいた。

玄洋社は、もともと福岡の不平士族によって組織され、国家主義的な団体として、孫文らの中国革命を支援するというアジア主義的な結社であった。一八八一年に発足したこの結社は、右翼の草分けともされ、玄洋社という名称からして福岡の玄海灘を越えて大陸に臨むという意味もあった。

後年、緒方は中野との交友関係を、次のように語っている。

「併し性格的に相合わぬところがあり、僕としては中野との交情を続けるためには彼とは公のことを倶にしないことが必須の要件だと考えていた。事をさえ一緒にしなければ性格的にも補い合い、一生涯益友として交友を持続し得ると思った。中野は一種の天才であるが、同時に多情多感で、従って意見等も急旋回する」（嘉治　一九六二：二四一）。

緒方が観察するように、中野はすでに幼少期からその片鱗をのぞかせ、その文才によって若くして時代の寵児ともいえる活躍をした。その後、緒方は迷いながら通っていた東京高商を中退し、中野の後を追って早稲田大学専門部政治経済学科に編入学、同郷・福岡の者たちと共同生活を送った。大学卒業後の一九一一年一一月、緒方は中野の推挽により大阪朝日新聞社に入社、大阪通信部外勤で議会を担当した。

(三) 朝日新聞社入社

入社して一年近く経った頃、緒方の新聞記者としての最初の功績は、大正の元号のスクープであった。一九一二年七月三〇日、明治天皇の崩御にともなって新しい元号を決定するため枢密院顧問の会議が開催された。緒方は顧問官の三浦梧楼の家に赴いて、スクープをものにする(緒方竹虎伝記刊行会 一九六三:二七)。

一九一三年一二月、第三次桂内閣が成立、それに先立ち第一回憲政擁護大会が開かれ、二本柱の憲政の神様、犬養毅と尾崎行雄は大人気であった。この時、大阪朝日の客員記者であった本多精一も記者代表の一人として熱弁をふるった。閥族打破と憲政擁護という二つのスローガンを掲げ、朝日の社説もしばしばこの問題を取り上げていた。

大正期のデモクラシー運動を最も強力に推し進めていたのは、総合雑誌の『中央公論』と東西の『朝日新聞』であった。緒方、中野も、ほかの朝日記者らと提携して社論に沿った報道に活躍した。当時、記者として頭角を現していた中野も、護憲派記者として反藩閥・反政友の論陣を張り、著書『明治民権史論』を執筆していた。護憲運動に熱中した中野は、社内で孤立し、担当面を緒方と二人だけで仕上げなければならないほどで、中野の朝日新聞記者としての筆名であった「中野耕堂」では、その時論を発表することはもはやできなくなっていた。犬養寄りの中野の政治姿勢は、この新聞においては過激すぎたのであった。

一九一五年五月、福岡玄洋社の頭山夫妻の媒酌により、緒方は神奈川県伊勢原の人である原牧三の三女コトと結婚した。護憲運動の黒幕であった三浦の世話によるものであった。

一九一八年八月、富山県に端を発し、阪神、中国、関東と各地に波及した米騒動をきっかけに、政府はこの原因が新聞の扇動によるものとして、米騒動に関する一切の記事の報道を禁止した。この記事差し止めによって、記者らによる全国的な言論擁護運動が起こっていた。

この運動がピークに達したとき、いわゆる「白虹事件」と呼ばれる筆禍事件によって、『大阪朝日新聞』は政府の干渉を受けることとなった。この事件は、八月の関西記者大会を報じた夕刊社会面の記事で新聞紙法第四一条の安寧秩序を乱す箇所があるとして、同紙は発売禁止にあう。同年一〇月、朝日の村山龍平社長、鳥居素川・大朝編集局長以下、新聞社幹部が総辞職すると、緒方は大阪朝日論説班として大阪本社に転勤、若干三一歳で新聞社の大役を任されることとなる。

(四) 欧米留学

緒方の先輩らが筆禍事件で退社すると、緒方はこのまま朝日新聞社で筆を執ろうとする意欲を喪失していた。この機会にかねてから希望していた欧米留学を実現することを決意し、一九二〇年三月、私費で米国経由で渡欧の途についた。この留学は、のちの緒方の政治観を養う上で重要な意味を持ったと考えられる。初めて論説を書くようになった緒方は、今一度勉学に専念しなければ、より若い人たちに伍してこの大新聞の論壇を担当することは困難であると痛感していた。費用は父道平のほか郷里の先輩安川敬一郎からも出た。

米大陸横断に二ヵ月ほどを費やし、ニューヨークでは朝日新聞社の同僚・美土路昌一の下宿に泊り込み、共同自炊の生活をした後、ロンドンに到着した。同地では、緒方は漢籍と語学に専念した。漢籍の勉強は、漢文学者・西村天囚から「もっと勉学に励むように」との苦言に刺激されたもので、後年、政治家として随所に示された漢学の素養はこのとき養われたものといわれる（緒方竹虎伝記刊行会　一九六三：四三）。

ロンドンにおける緒方の主たる関心は、当時イギリスにおいて勃興しつつあった労働党ならびにその背後にある同国の労働運動に注がれた。その頃ロンドンにいた日本人らの記憶によると、緒方の話題はきまって労働運動であったという。緒方は社会主義運動の事務所にしばしば足を運ぶ一方、ロンドン大学でハロルド・ラスキの講義を聴講した。

ロンドンから持ち帰った書物のなかには、ハーバート・ヘンリー・アスクィス、ロイド・ジョージ、ウィンストン・チャーチルら自由党、保守党系の人物のものと並んで、前述のラスキ、シドニー・ウェッブ夫妻、G・D・H・コール、バーナード・ショーなどの著書、フェビアン協会のパンフレットなどがあった。緒方はこれら資料を第二次大戦の戦禍のさなかにも焼かれないよう晩年まで保持していた（緒方竹虎伝記刊行会　一九六三：四三―四四）。

緒方がイギリスに学んでいた頃の最大の事件は、一九二一年三月から三ヵ月ほど続いた炭坑労働者のストライキであった。電燈もつかず、朝に顔を洗うときも湯をわかすことができないほどであったが、炭坑労働者の指導者の統率力とストライキに際しても整然たるイギリスの労働運動のあり方は、緒方に忘れ難い印象を与えた。この二年間に身につけた議会政治に対する信念は、後年、緒方の政治に対する考え方を基本的に方向づけた。

留学から帰国後、一九二二年七月に大阪朝日東京通信部長、一九二三年四月に東京朝日新聞社整理部長に就任、一九二五年二月には東京朝日新聞社編集局長に就任するとともに、政治部長、支那部長も兼ねた。編集局長に就任して四年目の一九二九年一月、戦前の唯一の著書『議会の話』を刊行している。この政治評論は政友・民政の両党による議会政治を支持するものであったが、こうした議会政治は当時の軍部の政治的台頭によって長くは続かなかった。

（五）昭和戦時期

一九三六年二月、いわゆる二・二六事件で東京朝日は軍部からの襲撃を受けた。事件三ヵ月後の五月、緒方は東西朝日の社説を統一するため、大阪、東京両社別々にあった主筆を、両社を通じての主筆制に改め初代主筆に就任した。また同月、代表取締役に選任され専務取締役に就任した。

その後、一九四一年の日米開戦、東條英機内閣の登場などもあったが、緒方が朝日を退社する決定的な要因の一つとなったのは、一九四三年一〇月、当時、衆議院議員であった中野の自害であった。同年一月元日の『朝日新聞』は、中野の「戦時宰相論」を一面に掲載した。これが東條首相の逆鱗にふれ、首相自ら、その日のうちに同紙の発売禁止を命じた。緒方は不当な弾圧に死をもって抗した中野のために、進んで葬儀委員長を務めた。このことがかえって朝日の村山社長に、同紙と東條内閣との対立を心配させる結果になった。

緒方が政治家としての第一歩を踏み出すことになるのは、一九四四年七月、国務大臣兼情報局総裁として小磯国昭内閣に入閣した時からである。これは従来から親交のあった小磯、米内光政からの強い要請によるもので、もともと海軍は陸軍の拡大政策に対して批判的であったことなどから了解した入閣であった。小磯にとっては、新聞人の緒方を言論政策の元締めの地位に据えることによって、東條内閣期の言論弾圧的なイメージを一新し、内閣の人気高揚をはかるという政治戦略の一環であった。

一九四五年四月、小磯内閣が総辞職すると、緒方も国務大臣兼情報局総裁を辞任することとなった。五月に入っても、日本各地の都市は連日のようにＢ29の空襲を受け、同月二五日の東京大空襲では、緒方の自宅も書庫を残して全焼した。

閣僚辞任後、鈴木貫太郎内閣の顧問となった緒方は、引き続き大政翼賛会の残務にあたっていたが、空襲時はたまたま同会の解散事務のため岡山に出張中であった。妻、次男、三男、家政婦の四人は、近くの戸山ケ原練兵場に逃れ夜を明かし、一家は中野の東京・和泉多摩川の別荘へ移った。

八月一四日、鈴木内閣は、ポツダム宣言受諾後、総辞職し、一七日に、東久邇宮稔彦内閣が成立する。緒方は、このとき東久邇宮内閣の国務大臣兼内閣書記官長兼情報局総裁に任ぜられた。同内閣の組閣にあたっては、緒方の側近で固められることとなった。総理秘書官には、いずれも緒方の推薦で、内務省・館林三喜男、大蔵省・酒井俊彦、陸軍大佐・杉田一次、海軍大佐・庵原貢、さらには朝日新聞社論説委員・太田照彦の五人が任ぜられた。内閣書記官長秘書官には、朝日出身の中村正吾が就いた。

当時、朝日論説主幹であった佐々弘雄の長男・佐々克明（朝日新聞記者）は、その著書のなかで、「あとで朝日新聞の幹部となる中村、太田という若手のエースを用いたことからみても、緒方は背水の構えで、難局にたち向かったのであった。いうなれば、東久邇宮内閣の実体は『緒方内閣』であり、『朝日内閣』だったのだ。こうしたことは朝日史上初めてで、おそらく最後であろう」と記している（佐々　一九八三：一五）。まさに「戦争遂行は軍部の手で、戦後再建は皇族の手で」という終戦処理であったが、同時に「戦後組閣は朝日関係者で」ということで、東久邇宮内閣が成立したのであった。

（六）終戦処理内閣としての五四日間

戦勝国による連合軍の日本進駐が行われた一九四五年八月二八日、東久邇宮首相は、記者団と初めて会見し、民意を把握するために「国民から直接手紙を」として投書を呼びかけ、国務大臣・緒方のもとに特別の機関を設けてこれが処理にあたるということを発表した。同内閣は、明治帝国憲法施行以降、皇族が首班となった唯一の内閣であり、最も短命な内閣でもあり、あらゆる意味できわめて特異な内閣であった。任務の困難さという点でも、緒方は同内閣の大黒柱として心血を注いだ。

緒方は、政府が敗戦にいたった事情を国民に周知するとともに、戦時の言論統制を解き、民意をくみ取ることが急務と考えていた。投書で取り上げられた問題には、時節柄、食糧改善に対する訴え、官僚機構の徹底的改正、政財界上層部の総退陣、統制経済の撤廃、などの要請が多かった（緒方竹虎伝記刊行会　一九六三：一五七）。

次いで、政府は、敗戦までの事情を国民に伝えるため、九月四日と五日の二日間、議会を召集することとなった。この第八八臨時議会衆議院本会議における東久邇宮首相の施政方針演説の草稿を、緒方は起草した。

東久邇宮内閣は、結局、五四日間の短命に終わることとなる。書記官長として内閣の中核にあった緒方は、心身消耗し尽して自宅に引きこもることとなった。伝記によれば、「国家未曾有の難局に際会して、組閣以来四十数日にわたる救国の劇務は極度に心身を疲労せしめ、屡々血尿を見るに至れり」とある。そして、後年、緒方は「これ以後はすべて余生だ」と口癖のように述べたという（緒方竹虎伝記刊行会　一九六三：一六五）。

一〇月、次期政権として幣原喜重郎内閣が成立した。米国に受けのよい吉田茂が外相として留任し、GHQ総司令部との窓口にあたった。吉田と緒方とは、すでに戦前から吉田が田中義一内閣の外務次官であったときから旧知の間柄であったが、緒方が外相として吉田を推したことが、戦後、両者を強く結びつける大きなきっかけとなった。

年末には、GHQから緒方に戦犯容疑者として巣鴨拘置所に出頭するよう命令が出されたが、GHQ軍医の健康診断を受けたところ、自宅閉居に指定されることとなった。しかしながら、翌年の一九四六年八月、緒方は公職追放の指名を受けることとなった。

（七）　公職追放

一九四六年から講和独立の一九五一年までの時期は、戦犯容疑をかけられ、その結果公職追放を受けた緒方の蟄居期とされる（緒方　二〇〇五：一一一）。自宅監禁という処分が、緒方に「戦争責任」の追及に対する対応、将来の政治活動のための準備期間となった。

五反田の緒方の自宅には「追放中でも数組の客が、そんなにひろくない部屋にあつまっていた」という。特に朝日新聞社の中村は、頻繁に緒方を訪ね、GHQ内部の事情や極東軍事裁判の動きなどに関する情報を伝えたという。その折には、古島一雄（新聞記者のち国会議員）が来訪中のことがよくあり、古島、緒方とも、深い関心をもって占領軍当局および国際裁判の動きを中村から聴収した。

緒方は公職追放中も将来の政界復帰を睨んでその方策を練り、情報を収集し、またさまざまな方面との接触につとめていた。緒方は、三五年近くにおよぶ新聞社時代を回顧し、「問題は今後の幾年かを如何にして世の中の借方たらずに生きるかである。（中略）最後のバランス・シイトがプラスでありたいと考へるやうになったときに、蝸牛今年六二歳、老の臻（いた）るを知る」と書いている（緒方竹虎伝記刊行会　一九六三：一七六）。

一九四六年四月の総選挙では、日本自由党は第一党となったが、鳩山一郎は宰相の座を目前にした五月四日にGHQにより追放された。鳩山は終戦直後、一九四五年八月に安藤正純、牧野良三、芦田均、松野鶴平、星島二郎、北聆吉ら同志を糾合して政党の結成に着手、一一月、日本自由党の結党大会を挙行して、鳩山自らが総裁、河野一郎が幹事長となった。

鳩山を継承して総裁となった吉田は、保守党派である日本進歩党と連立して第一次吉田内閣を組閣したが、一九四七年四月の総選挙で日本社会党に敗北して野に下った。

この時期、緒方自身は、政界への復帰に際し、過去の自己を相対的に位置づける必要を感じていたように思われる。日本の対外膨張を小日本主義の立場から批判してきた石橋湛山、議会における自由主義者として阻害された経験をもつ鳩山らが、GHQによる公職追放を不当なものと受け止め、自ら語ることなくして周囲の同情を得ることができたのと対照的に、緒方は自身の政治的立場について、より積極的に発言する必要を痛感していたと考えられる。

一九四八年三月、日本自由党は、炭鉱国家管理法案に反対して民主党を離脱した幣原派と合流して、民主自由党に衣替した。芦田内閣をはさみ、一九四九年一月の総選挙では一躍二六四名を獲得して絶対多数党となり、第三次吉田内閣が誕生した。吉田は、その後も保守陣営大合同の工作を進めたが成功せず、一九五〇年二月、民主党連立派と合流して、三月、党名を自由党と再び改称した。鳩山は、一九五一年六月、脳溢血で倒れるが、のちに回復するに及んで、鳩山を中心とする追放解除組の動きが活発となった。

やがて公職追放解除が目前となってきた一九五一年五月、緒方は古島の『一老政治家の回想』の編纂を手伝う一方、『週刊朝日』や『中央公論』に原稿を発表し、一二月には『人間中野正剛』を刊行するなど、戦時の記録・回想を公にする文筆活動も活発に行うようになった。この『人間中野正剛』も、先述したように、ある面で戦前・戦中期の自己の政治的立場に関する裏返しの表明であったようにみられる（栗田 一九九六：一七四）。

（八） 吉田首相特使としての東南アジア歴訪

一九五二年二月、緒方は吉田から国会の早期解散は行わないから首相特使として外遊してはどうかと勧められた。緒方が東南アジア、欧州を視察したいと述べたところ、吉田はこれに賛成し、できるだけの便宜を図ることを約束した。

米国については、外交戦略としての同盟という側面と感情面における反発という二面的な態度をもっていた緒方に対し、吉田は政治指導者の第一条件として米国における信用を重視し、米国行きを強く勧めた。緒方も「手ぶらで米国に赴くよりはアジアを土産に持参するも一案かと、少し考へを動か」したと日記に記す（栗田 一九九六：一八四）。アジア外交における日本の地位を築いた上で米国に行けば、米国に対する日本の立場は強くなるに違いないということであった。

外遊の件が本決まりとなり、緒方は米国、東南アジアの双方に赴くつもりであったようだが、吉田から今回の旅行を一ヵ月に縮め、八月から発足する保安庁長官に就任することを求められた。警察予備隊と海上警備隊は八月から保安庁となり、担当は国務大臣があたることになっていた。

この三月から五月、選挙出馬や外遊で、緒方はじつに多くの人物に面会している。緒方の日記には、政界、財界、労働界、ジャーナリスト、旧軍人などの名もあったとされるが、特に軍人関係は、再軍備の問題に関することで意見を交わしたことが想像される。

四月、緒方は講和発効を記念し、「独立日本に寄す」と題する所感を『信濃毎日新聞』に寄稿している。ここでは、日本が独立する以上、最小限の自衛戦力をもつべきであり、そのためには憲法九条の改正が必要である、と主張している（『信濃毎日新聞』一九五二年四月二八日）。緒方はこの点に関する限り、保守政治家の系譜に属する。かつて二・二六事件で軍部と対峙した緒方が、戦後、再軍備論者になったこと自体、矛盾そのものであったが、シビリアン・コントロールが確立していれば、戦前のような軍部の横暴は避けられるだろうという考えを緒方はもっていた。

吉田は、三月の参議院予算委員会で「自衛のための戦力は違憲にあらず」と答弁し、四月には破壊活動防止法案を国会に提出した。公職追放令は平和条約の発効とともに失効し、また占領期の日本を管理していた極東委員会、対日理事会、GHQは、四月末に廃止された。緒方は、保安庁長官の件については即答をさけ、結論が出ないまま、五月、外遊の途についた。

吉田は、占領期において、ダグラス・マッカーサーとの相互依存関係を築くことと、吉田側近を巧みに使い分けることによって権力を維持してきた。特に吉田は、水面下では米国情報機関との協力の基礎を築きながら、内閣調査室、公安調査庁など日本の情報機関を発足させた。ジャーナリストの春名幹男は、吉田を「日本情報機関の父」と呼んでもよいと述べるが、講和独立後の米国情報機関との親密な関係は、吉田の権力維持の基盤の一つとなっていた（春名（下）二〇〇三：九八）。

一九五二年四月、サンフランシスコ平和条約が発効すると、吉田は中国戦略の構築に積極的に動き始める。五月、緒方は吉田首相の特使として、台湾、香港、タイ、ビルマ、インド、パキスタン、セイロン、シンガポール、インドネシアの各国を歴訪した。訪問地では、蒋介石総統、ジャワハルラール・ネール首相、プレーク・ピブーンソンクラーム首相、ウー・ヌ総理、スカルノ大統領など各国代表要人とアジアの復興と提携の問題について会談した。

ビルマからインドへ赴いた緒方は、東京裁判判事として、唯一日本の無罪を主張したラダ・ビノード・パール判事を訪問、ニューデリーではマハトマ・ガンジーの墓を参拝した。ところが、途中、外務大臣からの電報で政界の恩師である古島が逝去した旨の連絡を受けた。緒方は臨終の際、近くで看護することができなかったことが諦めきれぬ思いであった。吉田首相が委員長となって葬儀を行うこととし、旅程を早めて帰国することにした。その後、パキスタン、シンガポール、インドネシアでの公式日程を終えて、六月に帰国の途についた。

緒方の海外歴訪は、一ヵ月足らずのものであったが、国内的には、緒方が議席をもたぬまま入閣するのを妨害する動きが自由党内にみられた（緒方竹虎伝記刊行会　一九六三：一八五―一八六）。七月、保利茂官房長官と池田勇人蔵相が、保安庁長官よりもむしろ文相に就任するよう勧めた。緒方がいまだに衆議院に議席をもっていなかったことは、彼の政界復帰や入閣を好まなかった勢力に批判の口実を与えることとなり、総選挙への出馬は緒方にとって戦後政界に地歩を築くために必要不可欠な課題であった。結局、保安庁長官就任の件は、自由党内にも反対の意見が出て何ら進展もみないうちに、一九五二年八月二八日、衆議院が解散された。

第二節　国会議員になってから総裁になるまで

（一）　国会議員になる

一九四七年四月の総選挙で日本社会党に敗北して野に下った吉田は、先述したように、保守党派である日本進歩党と連立して第一次吉田内閣を組閣したが、自由党、民主党の動きはきわめて流動的であった。

古島は、一九四六年に鳩山が追放されたときには、その後任に強く推されるが固辞して吉田を推薦、その後、吉田のご意見番的な存在となっていた。緒方にとっては、多大な影響を受けた大恩人であり、「特に古島一雄には自分の親に対するがごとくつかえた」という（緒方竹虎伝記刊行会　一九六三：一七四）。

古島が緒方に白羽の矢を立てたのは、「吉田一人では今後の難局を打開しえないとみて、長年気心が知れかつ信頼していた緒方をしてこれを補佐させ、行く行くは吉田の後継者たらしめよう」ということであった。一九五一年八月、緒方は公職追放が解除されると、同年末、古島の説得をうけて政界復帰を決意した。

緒方は、一九五二年九月二日、自由党福岡支部長・麻生太賀吉の紹介で正式に自由党に入党、九月五日、朝日新聞社顧問としての地位も辞した。緒方はこの年の春から中野の三男・達彦を秘書として、九月の福岡入りの際には中野がその夫人とともに緒方に随行した。一〇月一日の第二五回衆議院選挙に、中野の選挙区でもあった福岡一区から自由党候補として出馬して、当選する。

そもそも緒方の代議士当選に際しては、早くから大物候補として宣伝されていたが、新聞社での生活が長かったため、福岡の選挙区でも知名度が低く、当選は危ういとして後援会の関係者は非常に憂慮していたという（村上　一九五六：六七）。

緒方は、第四次吉田内閣で、国務大臣兼官房長官として入閣することとなる。入閣時一年生議員にすぎなかった緒方は、政界および自由党内で自己の勢力基盤をほとんどもたなかった。ところが、一九五三年後半までには、緒方は吉田側近中の最高実力者にのしあがった池田とともに党内勢力を二分するほどの勢力を築き上げることになる。

内閣官房長官就任後の職務として、吉田は緒方に内閣調査室の監督を委ねた。そして政界に登場した緒方は、情報活動の面においても本格的な日米情報協力体制の構築に動き出すこととなった（吉田　二〇一二：一五三）。

鳩山の公職追放という偶然の機会によって政党総裁に就任していた吉田は、議員の顔と名前を間違えるほど党内事情には疎かったといわれたが、それに対して、新聞記者の経験の長かった緒方は政界情報の収集能力に長けていた。記者時代に蓄積された人脈や各政治家の履歴に関する情報、あるいはさまざまな人物との接触を通してもたらされる政治家の動向に関する最新の情報こそが、政治家・緒方を支えた政治的資源（リソース）であった（栗田　一九九六：二一八—二一九）。

やがて吉田は、後継者として浮上してきた緒方に内閣の運営全般を委任するようになる。吉田に代わって内閣のまとめ役としての役割を担うこととなった緒方は、内閣の支柱として政界に重きをなすに至り、一一月二八日に副総理に就任した。

だが、そもそも副総理とは官制上の職名ではなく、内閣法第九条によって首相権限で一人の閣僚をあらかじめ指名しておき、臨時に首相の職務を代理させる国務大臣のことである（栗田　一九九六：二二一）。したがって、副総理という地位はそれをつとめる人物次第では、官房長官ほど内閣運営上の実質的な権限を持ち得ないこともあり得た。

吉田はこれによって、緒方に内閣のまとめ役を付与しようとしたのであろう。しかし、他方で、これは緒方の政治的権限の無制限な拡大を防ぐための布石でもあった（栗田　一九九六：二二二）。実際、吉田は一九五三年三月には、緒方から官房長官の地位を外し副総理専任とし、腹心の福永健司を官房長官に据えた。さらに五月の第五次吉田内閣の組閣に際しても、そのまま福永を官房長官に留め、緒方を副総理専任とした。

（二）　緒方構想と「爛頭の急務」

緒方の第四次吉田内閣入閣時の自由党内の勢力分布は、吉田派が一四〇名であり、そのうち七四名が広川派、増田派が二五名、佐藤派七名、池田派六名であった。一九四九年の総選挙で初当選した池田、佐藤栄作らの官僚出身者は、まだ議員歴も浅く自己の派閥を形成するまでには至っていなかった。一方、鳩山派は一一九名で、そのうち九〇名が大野伴睦派であり、そして石橋、椎名悦三郎、林譲治らが、それぞれ四〜六名を率いていた。この時代の派閥は、のちの自民党内派閥とは異なり、集合離散がかなり自由な同志的グループの色彩が強かった。

吉田派のなかで最大派閥を擁していた党人派の広川弘禅は、吉田が緒方を重用するようになるなか、緒方との対決姿勢を鮮明にした。のちに広川は反吉田に転じて鳩山に接近するようになると、その後、広川一派は、凋落の一途をたどることになった。興味深いのは広川派の一部が、緒方を擁立するに至ったことである。当初、緒方は自由党内に自前の基盤をほとんどもたなかったが、最大派閥の広川派の主要政治家を吸収したことが、緒方派が急速にふくれあがった最大要因であった（栗田　一九九六：二一九）。

このほか緒方派に集まった政治家として注目されるのは、旧内務省出身の政治家が多いことである。吉田が大蔵省系や商工省系の議員を集めたのに対抗して、内務省解体によってその所属を失った旧内務官僚たちが緒方の下に集まったためである。緒方は、戦中期に大政翼賛会副総裁をつとめていたことなどから、内務官僚に知り合いが多かった。

もともと党歴が大きくものをいう政界で、公職追放解除後早々に次期総裁候補に擬せられた緒方に対して、大野は当初「党人が承知しねえ」と啖呵を切っていたという。その大野が緒方に好意的な態度を示し接近するようになったのは、池田や佐藤といった官僚側近派、党人でありながらそれと同盟を結んでいた広川らの勢力と対抗するという意味もあったとみられた（栗田　一九九六：二二〇）。

政党人としての経験の浅かった緒方にとって、なかでも大野ら党人派の支持を得たことは自由党内の権力基盤を確立するうえで大きな助けとなった。旧内務省系の官僚派だけでなく党人派をも吸収することによって、緒方派は幅の広い勢力として成長したといえる。こうして緒方は、入閣して以来わずか半年余りのうちに党内に四〇名の勢力を擁する派閥を築く（栗田　一九九六：二二一）。

他方、この時期、池田が広川や佐藤ら他の側近政治家を引き離して党内勢力を伸ばしたのは、元大蔵官僚で長く蔵相をつとめた池田が財界に対し他の政治家の追随を許さなかったためであった。資金集めを苦手とする吉田に代わって党財政を支えたことが池田を実力者たらしめた最大要因であった。

その後一九五四年の政局は、自由・改進両党の解党、総裁公選を内容とする「緒方構想」によって幕を開ける。同時にそれは少数与党内閣の逆境にあった吉田内閣と、同政権が造船疑獄という未曾有の危機を突破するために試みた窮余の一策でもあった。

大磯の吉田邸を訪問した緒方は、記者団と会見し、吉田首相と「保守合同によって政局を安定させることに意見が一致した」「保守合同とは志を同じくするものが、自由党であれ、改進党であれ、党をいったん解党して新たな政党に結集することである」「総裁、党名などは民主的に決めたらいいと思う」という考えを語った（『朝日新聞』『毎日新聞』一九五四年三月二九日）。「緒方構想」が当時の政界に与えた衝撃は、一面では政界において緒方が占めていた存在の大きさを物語るものでもあった。

四月、緒方は保守合同を促す、「爛頭（らんとう）の急務」声明を発した。爛頭とは、頭が焼けただれるほど、さし迫った状況という意味であり、本格的な政界再編劇の始まりを印象付けようと緒方が用いた言葉であった。だが、当時、副総理として吉田内閣で政権運営を担うようになった緒方が、ともかく取り組まねばならなかったのは、野党との対応であり党内・鳩山派との折衝であった。

（三）　保守合同

一九五四年の正月明けから造船疑獄事件の摘発が始まり、吉田は急速に求心力を失い、吉田ワンマン体制も断末魔を迎えつつあった。一一月二四日には自由党の鳩山系、改進党、日本自由党が糾合し、鳩山を総裁、岸信介を幹事長とする日本民主党が発足する。ついには日本民主党を筆頭に日本社会党の左派・右派が協力して内閣不信任決議案を提出、吉田は衆議院を解散しようとするもかなわず総辞職し、政権の座から降りることとなった。

この間、自由党では、一一月二八日、自由党両院議員総会で、緒方を総裁に推挙、吉田が失意のうちに引退し、一二月八日には自由党総裁として緒方が後を継いだ。同日、緒方は、大野の了解を得て、幹事長に戦前の朝日新聞社の編集・営業コンビであった石井光次郎を指名した。こうして、自由党は大野派と提携した「緒方―石井」の体制によって掌握されるに至った。翌年に至る「保守合同」の推進力となったのは、民主党の岸幹事長・三木武吉総務会長、自由党の石井幹事長・大野総務会長による、いわゆる「四者会談」であったが、その前提条件となった自由党側の体制が一九五四年末に完成された。

一二月、鳩山は自由党に復党、三木を始め鳩山側近八人は戻ることなく、日本自由党を新たに結成した。緒方が保守新党結成に向けて動き出したのは、第五次吉田内閣期の一九五三年末であった（栗田　一九九六：一一〇）。

一二月、緒方の手による吉田内閣の総辞職は、「保守合同」に至るためのいわば不可避的な前提条件であった。保守合同のために障害となってきた吉田に代わって、緒方が名実ともに自由党の指導者となることによって、はじめて「保守合同」に至る道が切り開かれることになった。

吉田内閣の総辞職後、依然として第一党にあった自由党は、総裁となった緒方を首相にすべく工作を行ったが、吉田亜流を嫌った日本社会党の左派・右派は、日本民主党との間で、休会明け早々に衆議院を解散することを申し合わせた。

一二月九日、衆議院で吉田内閣総辞職にともなう首相指名投票が行われ、結果は鳩山二五七票、緒方一九一票であった。これを受けて、第一次鳩山内閣が成立する。

その後一九五五年一月二四日、鳩山は衆議院を解散し、二月二七日に総選挙の投票が行われた。選挙の結果は民主党一八五議席、自由党一一二議席で、民主党は第一党となったが、過半数を得ることができなかった。この選挙結果は、政権の座についた民主党が「保守合同」なしで政局運営を行っていくことが困難であることを示していた。三月、第二次鳩山内閣が成立する。だが、過半数を上回る野党勢力の存在は、日本民主党単独の国会運営を困難なものにした。

こうした状況を打破するためにも同じ保守政党である自由党との「保守合同」は、焦眉の急となった。紆余曲折が続くなか、最後の最後に大勝負に打って出たのが、日本民主党総務会長の三木であった。四月、三木は記者団に向けて「保守合同」について言及し、前年まで民主党の結成によって一時鎮静化していた新党運動を再燃させるきっかけとなった。三木は、自由党との合併のため、三〇年来の政敵である自由党総務会長の大野と直談判し、声涙の熱弁で「保守合同」を迫った。三木の覚悟に心を奪われた大野は、これを了とした。

この三木・大野会談が、のちに「保守合同」運動の推進力となり、自由・民主両党の幹事長・総務会長による、いわゆる「四者会談」の発端へとつながっていった。「四者会談」が軌道に乗ったのち、六月四日、鳩山・緒方による両党党首会談が行われた。

「保守合同」に向けた協議のなかで最も難航したのは、総裁人事問題であった。自由党は鳩山引退を条件として新党総裁は公選により選出すべきことを主張したのに対し、民主党は初代総裁は話し合いによって鳩山とすることに固執した（栗田　一九九六：二七五）。

また「保守合同」に至る過程においては、次期首相の有力候補となっていった緒方を、一九五五年以降、米国の政府筋は「反ソ・反鳩山」と見立てて、首相の座に押し上げようとする動きが顕在化してきた（吉田　二〇一二：一八六、二〇四）。

緒方は、「保守合同」が歴史的な事業であることを意識し、それにふさわしい党首決定方法としては公選以外にあり得ないと主張している。三木は、緒方の唱えていた公選論を支持した。しかし、それにもかかわらず、公選論は民主党によって受け入れられず、結局、新党運動は暗礁に乗り上げることになる。そこで新たに提案された方法が、代行委員制度であった。この案を最初に提案したのは大野であった。

一〇月、社会党左右両派の統一が実現すると、「保守合同」への圧力はいっそう高まり、党首問題を棚上げして、代行委員制によって党運営を行うこと、第三次鳩山内閣を発足させることで意見の一致をみた。

一一月以降、総裁代行委員制を布くことで決着し、旧日本民主党から鳩山、三木、自由党から緒方、大野が総裁代行委員に就任した。これに対して、なお両党で反対の声があり、とくに吉田派は抵抗したが、緒方の決断により、一一月、両党は解党のうえ新たに自由民主党を結成することとなった。

一一月一五日、財界の強い要望をも背景に、日本民主党と自由党が合流して戦後最大の単一自由民主主義政党・自由民主党が結成された。総裁には鳩山首相が選出された。その後、保革対立のもとでの保守一党優位の政治体制、いわゆる「五五年体制」が四〇年近く続くことになった。

発足当時の代行委員は前述の四名であり、このほか幹事長は岸、総務会長は石井、政調会長は水田三喜男であった。

自民党は衆議院議員二九九名、参議院議員一一八名を擁する政党として出発したが、吉田、佐藤、橋本登美三郎の三名は当初、参加しなかった。

第三節　総裁代行委員任期中

一九五五年一一月二二日、自民党総裁代行委員の鳩山は、内閣総理大臣に任命され、第三次鳩山内閣が成立した。政治家として緒方が残した最大の足跡は、これまでの経緯でみてきたように、「保守合同」であった。緒方構想は、小選挙区・イギリス流の二大政党論として、戦後、緒方自らがたどり着いた最終的な政界モデルでもあった。ようやく実現をみた「保守合同」は、緒方にとっては、それまでの緒方構想が具体化したことを意味した。しかし、それは同時に、昭和初期以来、社会主義の台頭に対する保守側の対応が、一つの形として結実したものであった。緒方は統一された保守勢力が、今後は社会主義の政策をも積極的に取り入れていかねばならないと考えていた。

「保守合同」を実現させた緒方は、新党・自民党の総裁として、また政権の担い手として自己の政治を実現することなく逝去した。政権獲得を目前にひかえた政治家にとって、最高権力者として年来の持論を実現させる機会を得られなかったのは不幸であったにちがいない。しかし、歴史的にみれば、緒方が政権獲得後に実現しようと構想し、意欲を示していたさまざまな政策よりも、むしろ緒方が急逝する直前まで成し遂げた「保守合同」という事業の方が、その後の歴史を大きく規定するものとなった。

一九五五年段階で、緒方が鳩山の下につくことをあくまでも拒否し、緒方内閣の成立を目指したのは、この時期、鳩山内閣の外交政策について危機感を抱いていたからである。緒方は一月、元ソ連代表部首席のアンドレイ・ドムニツキーと鳩山との間の直接ルートで始まった対ソ交渉に、きわめて批判的な態度をとっていた。また、緒方は二大政党制のもう一方の主体となる社会党の防衛・外交のあり方に大きな疑問を抱いていた。

緒方は、六月、自身が政権担当していたときの外交政策を総括して、次のように述べている（栗田 一九九六：二八〇―二八一）。

私ども政府におりました時の外交についての考えを申しますならば、日本としてはサンフランシスコで結ばれました平和条約、いわゆるサンフランシスコ体制というものを固めてまいった。とくに米国との関係を強く致しました。その米国との関係を強くすることについて、いまの日本としていやしくも私は迷ってはいけない、動揺してはいけない。米国との関係を強く致しまして、共産主義国との問題は一まず後回しにし、米国と十分に了解をとげたうえで、日本の窓を東南アジアのほうにあけて行く、東南アジアとの関係をよくして行く。米国には資本があり、日本には東亜、アジア人としてのアジアの心理をするところの一つの立場をもっている。そこで米国と十分理解をしたうえで、東南アジアの開発に当る。開発と申しましても東南アジアの六億か七億かのあの人間、住民、これの生活水準をあげて、そうして購買力、消費力を大きくする。そのことが結局日本の新しいマーケットであり、日本の経済自立を助けて行く。

第四節 総裁代行委員辞任 任期途中での死去

緒方は一九五五年一二月からの風邪の容態が去らず、面会謝絶にして本格的に静養するため東京を離れていた。担当医の診断を受け静養していても、緒方のもとには来客が絶えなかった。東京からは政客、新聞記者が相次ぎ、「ここまで落延びても訪客は絶えず、実のところは松濤に居るのも余り変りはない」（三男・四十郎宛書簡）状況であった。一九五六年一月二二日、緒方は二五日からの国会再開のため、予定を早めて病軀を冒して帰京した。緒方は持ち前の責任感から、国会が再開されると登院、自民党の代議士会にも出席した。また二七日、朝日新聞社OBの野村秀雄が自宅を訪れたときは、前日、鳩山が記者会見で「日ソ交渉では領土問題はしばらくそのままにし、後日解決するということで話合いをつけたい」という趣旨の発言を行ったことについて、「どうも困ったことだよ」と深い憂慮の念を示していた（緒方竹虎伝記刊行会　一九六三：二一六）。

二八日、緒方は党首公選の際に吉田派の支持をとりつけるため、吉田と箱根で会談をしていた。帰宅後、自宅二階で床についていたが、日付の変わる前の深夜、突然呼吸がとまった。一月二八日、あと二日で六九歳の誕生日を迎えようという時であった。

亡くなる直前まで会っていたのは、長年過ごした朝日新聞社の関係者らであった。亡くなる前日には、野村が訪れていたし、その十日ほど前には、戦前の編集担当コンビの美土路と会っていた。長年の人間関係は、やはり緒方の心のなかでは大きな比重を占めていたのだろう。

突然やってきた緒方の死は、各界に衝撃を与えた。緒方の古巣であった『朝日新聞』は、三〇日の社説「緒方竹虎氏を悼む」で、「巨星にわかに果つの感あり、哀悼の至りにたえない」と述べ、号外も出した。同社説は「保守党の総裁にして、また保守党内閣の総理として、その抱負を実行に移すべき時期を待たず、中道にして倒れたことはひとり保守党のためのみならず、わが政界のためにも、惜しみても余りあることである」と記した。

『毎日新聞』も三〇日社説「緒方氏の死と総裁問題」で、「自民党総裁問題をめぐる時の人、緒方竹虎氏が亡くなった。同氏は長い新聞生活を経て政界に入り、多年の課題であった保守合同を実現し、いよいよこれからという時期にあたって、急死したことは、本人としても定めし残念であったに相違ない」と述べた。海外でもイギリスの『タイムズ』が三〇日号の訃報欄で緒方の死去を報じた。

国会では、一月三一日の衆議院本会議で、死亡議員と同一選挙区の反対党議員が追悼演説を行うという慣例を破って、野党社会党委員長の鈴木茂三郎が演壇に立った。二月一日、党葬が執り行われ、築地本願寺での葬儀には一万五千人もの弔問客が詰めかけた。緒方の死がいかに一般国民にも惜しまれたかを物語るものであった。

おわりに

新聞人として得た情報と人脈を背景として戦中期から国政に参与していた緒方は、戦後、第四次吉田内閣の官房長官・副総理として国政をリードしたのみならず、一九五五年の「保守合同」に際しても、自党の諸派閥のみならず民主党との交渉においてリーダーシップを発揮した。そして吉田の後継として、名実ともに自民党の最高指導者となった。

緒方の政治家としての権力基盤は、新聞社や政府機関といった情報組織を通じた人的ネットワークにあった。選挙出馬当初は、非政党人であり、大臣としての地位も横滑りで入閣したことに批判があったり、政党をまとめるための人脈、資金力は豊かとはいえなかったと当時の新聞・雑誌は指摘している。しかし「保守合同」に際しては、党内の人脈づくり、他党との交渉を粘り強くこなし、政界再編の流れを作っていったことが、晩年、緒方が磨きをかけた政治手腕であったのだろう。

📖 参考文献
緒方四十郎（二〇〇五）『遥かなる昭和―父・緒方竹虎と私―』朝日新聞社。
緒方竹虎伝記刊行会編（一九六三）『緒方竹虎』朝日新聞社。

嘉治隆一（一九六二）『緒方竹虎』時事通信社。

嘉治隆一（一九七三）『明治以後の五大記者―兆民・鼎軒・雪嶺・如是閑・竹虎―』朝日新聞社。

栗田直樹（一九九六）『緒方竹虎―情報組織の主宰者―』吉川弘文館。

佐々克明（一九八三）『病める巨象―朝日新聞私史―』文藝春秋。

春名幹男（二〇〇三）『秘密のファイル―ＣＩＡの対日工作―（上）（下）』新潮社。

村上巧児（一九五六）「哀傷万語」桜井清編『回想の緒方竹虎』東京と福岡社。

吉田則昭（二〇一二）『緒方竹虎とＣＩＡ―アメリカ公文書が語る保守政治家の実像―』平凡社。

第四章　鳩山一郎（総裁代行委員・初代総裁）
——友愛精神のリーダーシップで日ソ国交回復——

問題の所在

鳩山一郎は、いわゆる五五年体制が成立してからの最初の自民党総裁としての日本国の首相をつとめた。戦前は父親の跡を継いで政治家となり、戦後は選挙を経て自由党総裁となったもののGHQ（連合国軍総司令部）によって公職追放となる。一九五一年のサンフランシスコ平和条約の際には叶わなかったソ連と中国との講和であるが、ソ連との国交を回復した首相でもある。また鳩山政権が発足した直後に一九五四年三月一日のビキニ水爆被災問題を「政治決着」させ、その後形成される五五年体制における日米関係においても、鳩山政権期は重要な意味がある。

本章では、鳩山がなぜ公職追放となり、どのように政界に復帰し、どのような日米関係をはじめとした国際関係を作ろうとしたのかに焦点をあてて検証したい。

第一節　出生から国会議員になるまで

鳩山は一八八三年一月一日に東京市牛込区（現在の東京都新宿区）に生まれた。父和夫は文部省第一期留学生として米コロンビア大学に留学し法学士を取得し、その後日本からの留学生で初めて法学博士をイェール大学で取得した。帰国後東京大学講師などを務め、鳩山が生まれた時は東京府会議員として政治家としても活動していた。母晴子は、一八七五年に日本初の官立女子高等教育機関として発足した東京女子師範学校（後のお茶の水女子大学）を卒業し、その後同校の英語教師となった。一八八六年には共立女子大学を創立した。鳩山がまだ一歳の一八八四年に生まれた弟の秀夫は、のちに法学者となり衆議院議員も務めた（宮崎　一九八五：三―一〇）。

学校教育としては、東京女子師範学校付属幼稚園、高等師範学校付属小学校・中学校へと進んだ。鳩山の教育環境であるが、『鳩山一郎回顧録』（以下『回顧録』）によると、小学校・中学校では母による教育が中心で、朝三時半に起こし、登校前の七時まで勉強する習慣をつくった。また父親は鳩山が政治家になることを早くから期待していた。英語での教育については両親共に熱心であったが、鳩山はエイブラハム・リンカーンの「人民の人民による人民のための政府」を謳ったゲティスバーグ演説なども子どもの頃から原文で馴染んでおり、学生時代にはそらんじていた。

八七年前、われわれの父祖たちは、自由の精神に育まれ、人はみな平等に創られているという信条に捧げられた新しい国家を、この大陸に誕生させた。今われわれは、一大内戦のさなかにあり、戦うことにより、自由の精神をはぐくみ、自由の心情にささげられたこの国家が、或いは、このようなあらゆる国家が、長く存続することは可能なのかどうかを試しているわけである。（中略）しかし、彼らがここで成した事を決して忘れ去ることはできない。ここで戦った人びとが気高くもここまで勇敢に推し進めてきた未完の事業にここでささげるべきは、むしろ生きているわれわれなのである。われわれの目の前に残された偉大な事業にここで身を捧げるべきは、むしろわれわれ自身なのである。――それは、名誉ある戦死者たちが、最後の全力を尽くして身命を捧げた偉大な大義に対して、彼らの後を受け継いで、われわれが一層の献身を決意することであり、これらの戦死者の死を決して無駄にしないために、この国に神の下で自由の新しい誕生を迎えさせるために、そして、人民の人民による人民のための政治を地上から決して絶滅させないために、われわれがここで固く決意することである（https://americancenterjapan.

com/aboutusa/translations/2390/〔二〇二三年七月三日アクセス〕)。

『回顧録』では、父の和夫はイェール大学を首席で卒業し、卒業式で講演を行いそれが冊子にまでなったことが書かれている。また、〝One thing at one thing〟ということばを和夫は鳩山に語った。「精神の集中ということが人間の進歩に一番必要である。何か事をする場合は、決して結果を顧慮したり、他に心を移したりしてはいけない。自分のやっていること夫自體に全身全力を集中しなければ目的の完成を期することはできない」とよく話されたという。回顧録からは、米国で教育を受けた父親の影響の大きさをみることができる(鳩山　一九五七:六六―七三)。

鳩山はその後、旧制第一高等学校を経て東京帝国大学英法科に進み、一九〇七年に卒業する。父の弁護士事務所で弁護士となり、また一九〇八年早稲田大学講師となり、同年旧性寺田薫と結婚する。薫はのちに共立女子学園長を長年務めることになる。

鳩山が九歳の一八九二年二月、父和夫は第二回衆議院議員総選挙(東京)で当選し、第四代衆議院議長、大隈重信内閣の外務次官を務めた。衆議院議員である一方で、一九〇九年には東京市会議員の補欠選挙に当選し、市会議員も務めた。東京市は一八八九年五月にでき、一九四三年六月には東京都として統合される。

当時の選挙制度について説明すると、帝国議会は貴族院と衆議院で構成され、一八八九年二月の大日本帝国憲法と共に公布された衆議院選挙法では、「選挙権は二五歳以上の男子で一年以上選挙区となる府県内に本籍を置き、直接国税を一五円以上納めた者に、被選挙権は三〇歳以上の男子で直接国税を一五円以上納めた者にそれぞれ与えられた」制限選挙であった(https://www.jacar.go.jp/glossary/term1/0090-0010-0020-0020-0020.html〔二〇二三年七月三日アクセス〕)。

一九一一年、父和夫は食道がんで亡くなった（享年五五歳）。一九一二年、鳩山が二九歳の時に、父の死去による東京市会議員の補欠選挙で当選し、政治家となる。そして衆議院の被選挙権年齢に達した三二歳の時、一九一五年の第一二回衆議院総選挙に、東京市区から立候補して当選し、国会議員となった（宮崎　一九八五：三三―三八）。

第二節　国会議員になってから総裁代行委員・総裁になるまで

すでに述べたように、鳩山は父親の影響で米国の民主主義について関心をもって学んでいた。しかし、衆議院議員となった鳩山は、一九二〇年男子普通選挙法には反対していた。一九二四年政友会を脱党し、「政友本党」の結成に加わるが、一九二五年、「同交会」を結成する。一九二六年には政友会に復党し、政友会の幹事長となる。一九二七年に田中義一内閣で内閣書記官長、一九三一年犬養毅内閣で文相となった。五・一五事件で犬養が暗殺された後、斎藤実内閣が発足するが、引き続き文相を務めた。鳩山が文相を務めた時代は、思想の自由や学問の自由が危機的な状況となる時代であった。まず一九二四年に治安維持法ができ、また一九二八年には田中内閣の下で治安維持法が改正された。田中内閣の治安維持法改正とは以下の通りである。

第一条　国体ヲ変革スルコトヲ目的トシテ結社ヲ組織シタル者又ハ結社ノ役員其ノ他指導者タル任務ニ従事シタル者ハ死刑又ハ無期若ハ五年以上ノ懲役若ハ禁錮ニ処シ情ヲ知リテ結社ニ加入シタル者又ハ結者ノ目的遂行ノ為ニスル行為ヲ為シタル者ハ二年以上ノ有期ノ懲役又ハ禁錮ニ処ス

このように治安維持法改正では、国体を変革しようとした者に対して最高刑として死刑を取り入れるなどとしていた。京都帝国大学の滝川幸辰教授は刑法学説としてそれを批判した。鳩山文相は一九三三年、国体に反する赤化思想であるとして罷免を京都帝国大学学長に要求した。しかし学長は罷免を拒否したため、休職を強行した。京都大学法学部教授たちは学問の自由のため辞職を表明し、学生の反対運動も起こったが、失敗に終わった。また著書『刑法読本』や『刑法講義』は発禁処分にされた。これが「滝川事件」と呼ばれる学問弾圧事件である。滝川教授をはじめとして滝川事件の際に辞職した教員の多くは立命館大学へ移った。

その翌年の一九三四年、鳩山は帝人事件で汚職の疑いをかけられて文相を辞職した。その後一九三七年政友会総裁代行委員に就任し、一九三九年政友会の分裂によって一方の正統派に属し、一九四二年には無所属で衆議院議員に当選する。しかし、一九四三年東条英機内閣を批判して政界から身をひき、軽井沢で生活する。

第二次世界大戦が終結すると、鳩山は朝日新聞社政治部記者の若宮小太郎のインタビューによって一九四五年九月一五日付で『朝日新聞』に談話を発表する。そこでは、議会さえしっかりしていればこのような事態は招かなかったことを反省するべきだとする論を前半で述べており、後半においては、以下のように原爆が国際法違反であり、戦争犯罪であることを述べていた。

…〝正義は力なり〟を標榜する米国である以上、原子爆弾の使用や無辜の國民殺傷が、病院船攻撃や毒ガス使用以上の国際法違反、戦争犯罪であることを否むことはできないであろう。極力米人をして被災地の惨状を視察せしめ、彼ら自身、自らの行為に対する褒賞の念と、復興の責任とを自覚せしむること、日本の獨力だけでは断じて…

鳩山がこのような見解を出す前に、日本帝国政府は一九四五年八月一〇日、次のように原爆が国際法違反だとしてスイス政府を通じて「米機の新型爆弾による攻撃に対する抗議文」を発表していた（「11．新型爆弾投下関係」JACAR〔アジア歴史資料センター〕Ref.B02032435900、大東亜戦争関係一件〔A-7-0-0-9〕〔外務省外交史料館〕）。

そもそも交戦者は害敵手段の選択につき無制限の権利を有するものにあらざること及び不必要の苦痛を与うべき兵器、投射物その他の物質を使用すべからざることは戦時国際法の根本原則にして それぞれ陸戦の法規慣例に関する条約附属書陸戦の法規慣例に関する規則第二二条および第二三条（ホ）号に明定せらるる所なり。米国政府は今次世界の戦乱勃発以来再三にわたり毒ガスないしその他の非人道的戦争方法の使用は文明社会の世論により不法とせられおれりとし相手国側において まずこれを使用せざる限りこれを使用することなかるべき旨声明したるが米国が今回使用したる本件爆弾はその性能の無差別かつ残虐性において従来斯る性能を有するがゆえに使用を禁止せられおる毒ガスその他の兵器を遥かに凌駕しおれり。米国は国際法および人道の根本原則を無視して既に広範囲にわたり帝国の諸都市に対して無差別爆撃を実施し来り多数の老幼婦女子を殺傷し神社、仏閣、学校、病院、一般民家等を倒壊または焼失せしめたり。而して今や新規にしてかつ従来のいかなる兵器、投射物にも比し得ざる無差別性、残虐性を有する本件爆弾を使用せるは人類文化に対する新たなる罪悪なり。帝国政府はここに自らの名においてかつまた全人類および文明の名において米国政府を糾弾すると共に即時斯る非人道的兵器の使用を放棄すべきことを厳重に要求す。

ここでは、戦時国際法を引用しながら原爆が毒ガス以上の兵器であること、その無差別性、残虐性を指摘し、国際法違反であることが述べられていた。鳩山の「病院船攻撃や毒ガス使用以上の国際法違反、戦争犯罪」とする見解は、八月一〇日に日本帝国政府が発した「米機の新型爆弾による攻撃に対する抗議文」と共鳴するような、米国にとって不都合な見解であったのである。

鳩山の回顧録には、『朝日新聞』の当時の編集局長細川隆元が司令部に呼び出されたエピソードが記載されている。細川は「鳩山は戦争非協力の徹底した自由主義者だ。こんな政治家の論文を新聞に載せることは、ほめられることすれ、叱られるなど思いもよらなかったことだ」と述べると、その言葉が司令部の係官を「戦勝国の米国を誹謗するとは何事か、絶対に許せぬ」（鳩山　一九五七：五〇―五一）と怒らせたとのことである。

『朝日新聞』は二日間の発禁処分を受け、九月一八日、一九日は発行できなかった。占領軍は一九四五年九月一九日にプレスコード（ＳＣＡＰＩＮ三三）を発令した。「連合国について虚偽の批判ないし破壊的な批判はいっさいしてはならない」「連合国占領軍について破壊的な批判は、いっさいしてはならないし、またこれらの軍隊にたいして不信や憤慨を招くおそれがあることはなにも書いてはならない」などとしていた。これ以降占領期を通じてプレスコードは有効で、日本の新聞紙上では、とりわけ原爆について否定的な記事は基本的には掲載されなくなる（"SCAPIN33: PRESS CODE FOR JAPAN 19 September 1945" 日本研究のための歴史情報〔名古屋大学〕SCAPIN Database https://jahis.law.nagoya-u.ac.jp/scapindb/docs/scapin-33〔二〇二三年八月三〇日アクセス〕）。

しかし、この政策は米国の憲法とは矛盾する政策であった。アメリカ合衆国憲法修正第一条［信教・言論・出版・集会の自由、請願権］（一七九一年成立）では「連邦議会は、国教を定めまたは自由な宗教活動を禁止する法律、言論または出版の自由を制限する法律、ならびに国民が平穏に集会する権利および苦痛の救済を求めて政府に請願する権利を制限する法律は、これを制定してはならない」と記されている。

占領軍はプレスコードを出す一方で、一〇月四日、アメリカ合衆国憲法修正第一条に由来するような指令ＳＣＡＰ

IN九三を出した。そこでは、「政治的、市民的、宗教的自由への制限の撤廃　一．政治的、市民的、宗教的自由への制限、人種、国籍、信条や、政治的意見への差別を撤廃するために、日本帝国政府は次のような全ての法律、命令、指令、法令、規制の全ての条項の運用を廃止し、ただちに中止すること、（1）天皇、帝国組織、日本帝国政府に対する制限のない議論を含めて、思想・宗教・集会・言論の自由への制限を確立もしくは維持するもの。（2）情報の収集と拡散への制限を確立もしくは維持するもの。（3）それらの適用において、人種、国籍、信条、政治的意見を理由に不平等、もしくは不利益に運用すること」と述べられている（"SCAPIN93: Removal of Restrictions on Political, Civil and Religious Liberties" https://jahis.law.nagoya-u.ac.jp/scapindb/docs/scapin-93〔二〇二三年八月三〇日アクセス〕）。この指令に基づいて、日本政府は治安維持法を廃止した。

一方鳩山は終戦後軽井沢から東京に戻り、日本自由党結成、総裁となり、一九四六年の総選挙で日本自由党が第一党になる。つまり、日本国の首相になろうとしていた。しかしこのタイミングで公職追放となり、実現しなかった。鳩山はどのように、なぜ公職追放になったのであろうか。

一九四六年一月四日、GHQは日本政府に対して、SCAPIN五四八「ある種類の政党、協会、結社その他の団体の廃止」（https://jahis.law.nagoya-u.ac.jp/scapindb/docs/scapin-548〔二〇二三年八月三〇日アクセス〕）とSCAPIN五五〇「好ましくない人物の公職よりの除去」（https://jahis.law.nagoya-u.ac.jp/scapindb/docs/scapin-550〔二〇二三年八月三〇日アクセス〕）を発した。その指令に基づいて鳩山の公職追放も検討される。文部大臣時代の「滝川事件」のことも問われた。その点については占領軍のうち民政局の意向が強かった。それに対して鳩山の反共言動を高く買っていたG2のチャールズ・A・ウィロビーは擁護に回っていた（増田・中島　二〇二一：一四五）。

それでは民政局の分析はどのようなものだったのであろうか。鳩山のヨーロッパ旅行後出版された『世界の顔』では「ヒトラー、ムッソリーニ、およびファシストシステムの賞賛者であった」との分析が三月の時点でなされていたが、より重要な要因としては滝川事件であったようである。一九四六年五月一日の最高司令官宛の文書で、民政局は「公職追放令の適用」審査として、次のように述べている（増田・中島　二〇二一：四四八―四四九）。

田中内閣は一九二八年四月に治安維持法（最高司令官の指令により一九四五年一〇月四日に廃棄）を修正する本案を提出した。それは政治的、経済的、社会的な改革を唱える組織および集団の指導者に死刑ないし禁固刑を命ずるためであった。この法案の通過に失敗したため、同内閣は議会の休会中に緊急勅令によりその発効を強行した。この法律はこの政府の激しい運動の主要な手段であった。つまり、当時権力を持っていた超国家主義陣営に反対ないし批判する全ての者を非難し、恐怖を与え、鎮圧し、不当に扱うことにより、言論と集会の自由を抑圧することであった。多くの者が屈辱を受け、肉体的虐待を受け、監獄や死にあえいだ。しかし、ほんのわずかだけが結局起訴された。鳩山一郎は一九二七年から二九年にかけて田中内閣の書記官長という要職を占め、必然的に、この内閣の、その行為の重要な責任を負う。

一九三一年以降、日本の教育制度は超国家主義のドクトリンをプロパガンダする道具となった。一九三三年五月の滝川教授の解任は、文部大臣の個人的な命令への、京都大学の学長と学生団体の抗議を押してのものだったが、それは彼の著書の一つが禁止されたためで、それは、あの不快な治安維持法に対する田中内閣の修正案をあえて批判したゆえであったが、関係する人物と問題のためだけに、より広い注目を集めた。軍国主義に反対する全ての教師は「赤」として非難され、多くは教職から追放された。

…これらの時期に、日本では、あらゆる時代や国の啓蒙された人びとがそのために戦い、苦しんできたところの、学問の自由が、事実上抑制された。一九三一年一二月から一九三四年三月までの文部大臣は、この同じ鳩山だった。

このように民政局は当時の日本の教育状況を詳細に記し、分析している。ここでの分析では、鳩山が「学問の自由」への抑圧に加担していたことを重視している。先述した通り、治安維持法の改正では、国体を変革しようとしたものに対して最高刑として死刑を取り入れるなどの改正を行ったが、滝川教授はそれに対して批判したがために公職から追放された。

鳩山の原爆に対する言動後プレスコードが発令された、連合国への批判が封じ込められたが、皮肉にも「国体」への批判を封じ込める鳩山の行為が、今度は「公職追放」の対象となったのである。しかしその後、冷戦の激化により、占領軍の日本占領政策そのものが変更されるなか、「公職追放」は解除されてゆく。

第三節　総裁代行委員・総裁着任前後

一九五〇年、朝鮮戦争によって、米国の占領政策では「レッドパージ」が加速する一方で、戦争に加担した戦前からの政治家に対する追放は解除されてゆく。しかし鳩山はすぐには追放から解除されることはなかった。鳩山は追放からなかなか復帰できないのは吉田茂首相によるものだと思い、その怒りも起因してか、一九五一年六月一一日、脳溢血で倒れた。鳩山の追放が解除されたのは、その後の一九五一年八月六日である。一九五二年、第二五回衆議院選挙で政界に復帰する。一九五四年一一月二四日には岸信介や重光葵など追放解除組とともに日本民主党を結成し、鳩山は総裁となった。吉田内閣打倒の動きが強まり、社会党と共に内閣不信任案を提出し、一二月一〇日内閣総理大臣となり、第一次鳩山内閣が発足した。
発足すると早速、外相兼副首相に着任した重光と、ビキニ水爆実験による第五福竜丸の被災当時から日本大使に着任しているジョン・M・アリソンとの会談が一九五四年一二月二七日に実施された。この会談について、筆者らが情報公開請求をして二〇一六年に開示された文書によると、アリソンは次のように国務省に報告している。

（前略）重光は約四五分間私を引き留め、米日関係の全領域について、私たちは率直に議論した。会談の初めには、外相は、彼曰く非公式の資料として判断されるべきとするタイプされたメモを手渡した。しかしながら、米国との協力についての第一段落と第二段落の声明は、彼の固い公式な意志として考えるべきであると述べた。この資料の第一段落は、「首相の代理としてまた同時に外相の立場として、米国との充分に可能なかぎりの協力政策を力強く求めるとことを意図していますし、そのために、私は可能なかぎりのあなたの助けを信頼しています」と述べた。重光は最近は英語で話す機会がないため誤解がないように、彼の考えを文書に書いておきたいと思ったのだと説明した。相互に利益のある関係を最大限発展させるということを謳ったあと、その文書は「私たちの側では、既存の協定のもとで、我々に課された立場を満たすよう我々の防衛政策を真剣に遂行しましょう」と述べていた。外相は、このことをなすためには政府は世論の支持が必要で、政府がこの支持を得るために米国の支持が必要なのだと続けた。この資料は日本政府が緊急で早めの解決を要すると考えている六つの問題のリストで締めくくられていた。
それらは、
一．ビキニ補償問題の解決
二．ガリオア資金（占領地救済政府資金：ＧＡＲＩＯＡ：Government Appropriation for Relief in Occupied Area）の解決

三．一九五三年のＭＳＡ（相互安全保障法）の第五五〇条に基づいて円基金を創設
四．公共法第四八〇条のもとでの合意の達成
五．共同防衛支出への日本の貢献への合意
六．大規模な戦犯の解放と仮出所
この問題を解決することで、米国政府の役割に対して日本の人びとが好意的な態度をとらせ、ほかの政府の関心事である行動の面で、われわれの関係改善に向けて実質的に貢献するであろう。

そして「上述の問題のなかで唯一外相が扱っているのはビキニ補償の問題である」とし、次のように報告している。

私が以前に谷に述べたように、私は彼に、米国が一五〇万ドル支払うという基準で解決する用意をしているといった。私はまた、もしこれで満足できないようであれば、少し増額する議論の用意があるが、さらなる増額は議会による承認がされねばならないであろうし、かなりの遅れを引き起こすであろうし、議場では望ましくない議論になる可能性があると述べた。重光は、彼がこの合計額で合意できると思っていた二〇〇万ドルまで上げることは可能でないのかどうかと聞いた。私は、約束はできないが、彼がこの合計額を受け入れるであろうことを明確に示すのであれば、私はこのことをワシントンに照会するでしょうと述べた。重光は、次の数日間に直接かもしくは谷を通じて私と連絡するでしょうが、二〇〇万ドル以下は受け入れられないことは確実だと述べた。重光が内閣全体の承認を得られるとはっきりさせるならば、今二〇〇万ドルを提供するということへの許可を得られれば、この新政権と我々の関係にとってもっとも有益であると信じます（From Tokyo To Secretary of State, December 27, 1954）。

重光は、一九四八年一一月一二日に有罪・禁固七年の判決を受けA級戦犯となった。その後一九五〇年には仮出所し、一九五二年四月二八日のサンフランシスコ平和条約の発効後、恩赦となり、公職追放を解かれた。その彼が、「大規模な戦犯の解放と仮出所、この問題を解決することで、米国政府の役割に対して日本の人びとが好意的な態度とらせ、ほかの政府の関心事である行動の面で、われわれの関係改善に向けて実質的に貢献するでしょう」とした書簡を、ビキニ水爆被災問題について話し合う会談にて提示したのである。

この重光・アリソン会談にて、米国側が日本側に渡した文書では次のように述べられている。

二．マーシャル諸島における一九五四年核実験による損害結果への補償

米国は今、すべての請求への完全決着として、一五〇万ドルを喜んで支払う用意があります。もし日本政府がさらに交渉することを望むなら、大使は若干の増額について議論したいですし、ワシントンに決定するようそのことをいいます。大幅な増額は、しかしながら、米国議会にいわなければいけませんし、したがって大幅な遅れをひきおこすし、かなりの複雑化が結果として避けられません。

一九五五年一月四日、鳩山内閣は初閣議で、「ビキニ被災事件の補償問題の解決に関する件」を決定し、次のような交換公文が交わされた。

(イ) アメリカ合衆国政府は日本国民の損害の補償のため、法律上の責任の問題と関係なく慰謝料として二〇〇万ドル（七億二〇〇〇万円）を支払う。

(ロ) 前記の金額の配分は、日本国政府がこれを決定する。

（八）　日本国政府は前記の金額を、前記の原子核実験より生じた日本国及び国民の一切の損害に関する請求の最終的解決として受諾する。

（二）　前記の趣旨により、外務大臣とアメリカ合衆国特命全権大使との間で公文を交換するものとする。

このように、米国から一定の金額が支払われたわけだが、この「完全決着」の際に支払われた資金の性格を確認しておきたい。まず二〇〇万ドルという金額はEx Gratia Paymentとして支払われた。『リーダーズ英和辞典／リーダーズ・プラス』（研究社、二〇一六）によるとEx Gratia Paymentとは、見舞金、任意給付［法的には支払い義務はないと考えるにもかかわらず保険会社が支払う金：高額の弁護費用を払って支払い拒否を貫くより金銭的解決の方が安くつく場合などに支払われる］と説明されている。つまり、責任を問う形ではない資金である。したがって、日本政府が「慰謝料」と翻訳したことで、米国側が責任を感じて支払っている資金だと解釈されがちであるが、日本政府は意図的に日本の世論を意識してこのような翻訳をしていることが考えられる。さらにこの資金の提供を決めたのは工作調整委員会であり、この資金の出どころは対外工作本部（ＦＯＡ）である。ＦＯＡはドワイト・Ｄ・アイゼンハワー政権が発足したときにできた、対外軍事・経済援助をになう連邦政府機関である。つまり、軍事的・経済的に対外援助を行うことで、対外工作を円滑に行うための機関であり、米国政府の責任を認めて、補償、賠償をしてゆく機関ではない。また米国議会に図る必要のない資金であった。この機関からの資金を受け取るということは、米国側の工作に乗って「援助」を受け入れたということができる。

日米両政府の間でビキニ水爆被災問題が政治決着させられる一方で、ビキニ水爆被災問題は矮小化されてゆき、米国の核実験によって被災した人びとの実態調査・援護が切り捨てられていった。

すでに日本占領期には米陸軍省の軍事予算からガリオア資金（占領地域救済政府資金）という援助が行われていたが、

米国側の文書のなかでは、吉田政権時に解決できなかった問題としてガリオア資金のことが述べられている（一九五四年一二月二七日、アリソン・重光会談文書、秘密指定解除・外交記録・情報公開室（二〇一八年一〇月四日））。

ガリオア　ガリオア資金の総計額は、余剰資産も含めて、約二〇・三億ドル。

純債務の管理コストの控除や反訴に約一八億五千ドル、一九五四年五月に米国は、三五年間の期間で二・五パーセントの利率での返済での、七億三〇〇〇万ドルでの決着を提案しました。これらの期間を比べると、ドイツによって受け入れられた決着では、債務総額への三七・五パーセントを意味します。日本政府の官僚と非公式会談の結果として、米国によってある程度のさらなる控除が受け入れられ、再集計で六億四四〇〇万ドルでの決着することが提案されました。この提案は、一九五四年九月一六日付の外務省に宛てられたアリソン大使の書簡にてなされました。米国は日本政府の決定を待っております。

このように一九五四年九月に米国側は日本政府に対して、ガリオア資金（二〇・三億ドル）の返済を請求しており、重光・アリソン会談の時にはこの問題はまだ解決しておらず、日本側はビキニ被災の二〇〇〇万ドルの一千倍もの債務を抱えていたことになる。さらに「日本政府の官僚と非公式会談の結果として」六億四四〇〇万ドルで決着することが米国側から提案され、日本政府はまだその返答をしていなかった（高橋　二〇二一：六三―六六）。

鳩山政権としての外交は、重光・アリソン会談、そして一九五五年一月四日のビキニ水爆被災問題の「政治決着」として遂行されたが、内政的には具体的な政策を打ち出すよりも、内閣発足直後から選挙の準備を始めていた。両派社会党委員長の鈴木茂三郎と河上丈太郎に会った際「選挙を行うべし―というのは天の声である。だから必ず解散をして、公正な選挙を行う」と述べていた（鳩山　一九五七：一五二）。一九五五年一月二四日、衆議院議長松永東は「日本国憲法第七条により、衆議院を解散する」との詔書を読み上げ、衆議院は解散した（『第二一回国会　衆議院会議録　第九号』〔一九五五年一月二四日〕）。いわゆる「天の声解散」である。総選挙で民主党は第一党とはなるが過半数にはならなかったが、三月に第二次鳩山内閣が発足した。

一九五五年四月七日、鳩山は、アリソン大使と新任の米極東軍司令官のマクスウェル・D・テーラー大将と面会した。鳩山は回顧録で「日本のことも考えてもらいたい。われわれは日本の国民を納得させなければならない。吉田君が行政協定で分担金を五五八億と決めた時は、まだ日本に自衛隊はなかった。米国の駐留軍だけだった。ところが今は自衛隊が出来ている。米軍も一個師団減ると聞いている。そうすると、われわれの気持ちはもう五五八億は払わないでもいいということになる。さらに、飛行場の拡張にも九〇億の金がかかる。実質的には、ともに負けて貰いたい。それでないと、国会も乗り切れないし、国民も納得しない」と説明した。そして対ソ交渉が保守党を潰さないために必要であることを説いた。するとその四日後、一七八億円減額する旨のメモが送られてきて、減額に成功した（鳩山　一九五七：一五八―一六一）。

八月には米国に重光・河野・岸が渡米し、国務長官ジョン・F・ダレスや米国政府高官と三日間にわたって会談を行い、共同声明を出した（https://worldjpn.net/documents/texts/JPUS/19550831.D1J.html〔二〇二三年七月三日アクセス〕）。

外務大臣は、米国の管轄権の下にある戦争犯罪人の早期釈放を要請した。国務長官は、問題の複雑性を述べるとともに、戦争犯罪人釈放の問題を継続的にかつ緊急に検討すべき旨を表明した。

占領期間中日本に供与された経済援助の処理については、なんら大きな障害が残っていないこと、及び東京における本件に関する両国政府間の交渉を早期に妥結させるため極力努力することに意見が一致した。

今次会談を通じ、日米両国の代表は、日本はアジアの大国として、アジアの安定と平和に貢献するため、他のアジア諸国と友好的に協力して積極的役割を果すべきであると認めた。両国代表は、日本が国内安定の確立、国民経済の再建及び防衛能力の強化に努力していることにかんがみ、日米両国間の継続的協力のため一層強固な基礎が存在することに意見が一致した。重光外務大臣及びダレス国務長官は、両国が相携えて、かつ、他国とともに世界の平和と自由の強化のための任務を遂行しうるために、この協力関係をさらに拡大せんとする両国政府の決意をあらためて確認した。


このように共同声明では吉田政権以来継続している戦犯解放とガリオア基金問題の早期解決が述べられた。

一九五五年一一月一五日、当初保守である自由党と日本民主党は合同することになり自由民主党が結成された。それに伴い第三次鳩山内閣発足した。当初、自民党の総裁はおかず、旧民主党の鳩山、旧自由党の緒方竹虎、旧民主党の三木武吉、旧自由党の大野伴睦の四人が共同で総裁代行委員を務めた。

一九五六年四月五日、鳩山は自民党初代総裁に就任した。外相の重光の下では、米国との関係が最優先とされる一方、そのほかの国との関係は軽視された。ビキニ水爆問題やその後の負担金交渉など、外相である重光が中心に対米交渉を担ってきたといえるが、対ソ連については、鳩山・河野を中心に進められた。

それでは、鳩山内閣の外交成果とされる日ソ共同宣言はどのように実現したのだろうか。『鳩山一郎回顧録』によると一九五五年一月二五日、ソ連在日代表部のアンドレイ・ドムニツキーが、重光外相に本国政府からの書簡を届けようとしたが、「正式ルートからでなければダメだ」といわれ受けっとってくれなかったので、直接鳩山に届けたという。その内容は「日本が望むなら、ソ連はいつでも交渉を始める用意がある」という趣旨のものだった。その後ニコライ・ブルガーニンが首相になると「モスクワでも東京でも、日本の望むところで直ちに交渉を開始しよう」といった意味の書簡を受け取った（鳩山　一九五七：一七四―一七六）。

その後の交渉では、ソ連側は二島返還も視野に入れていたが、米国側、すなわちダレス国務長官の意向により、日本側は四島返還を求め、「北方領土」問題は進まなかった。しかし鳩山は国交の回復を優先した。その思惑として鳩山は「党内の一部には『エトロフ、クナシリを取らないうちは、断じて日ソ復交はすべきではない』などといっている人のいることも知ってはいたが、それこそ抑留者のことなど少しも念頭に置かない非現実的な考え方だと、余り相手にしなかった」と述べている（鳩山　一九五七：一九六）。一九五六年一〇月二日、鳩山は談話を発表し（鳩山　一九五七：一九七）、自らソ連を訪れた。

今回私は日ソ交渉のため、ソ連に赴くことになりました。私が日ソ国交の正常化を提唱したのは、去る二七年［一九五二年］九月、日比谷公会堂において、追放解除による政界復帰の第一声をあげた時以来であります。さらにこの『日ソ復交』の主張は、かつての民主党時代から現代まで引き継がれているわが党の公約でもあり、その間、私は終始この公約を掲げ、国民多数の支持を得て政権を担当して参りました。

発表された日ソ共同宣言は以下のようなものであった（https://www.mofa.go.jp/mofaj/gaiko/bluebook/1957/s32-shiryou-001.htm〔二〇二三年七月三日アクセス〕）。

千九百五十六年十月十三日から十九日まで、モスクワで、日本国とソヴィエト社会主義共和国連邦の全権団の間で交渉が行われた。日本国側からは、

内閣総理大臣　鳩山一郎
農林大臣　　河野一郎
衆議院議員　　松本俊一

が参加し、

ソヴィエト社会主義共和国連邦側からは、

ソヴィエト連邦大臣会議議長　エヌ・ア・ブルガーニン
ソヴィエト連邦最高会議幹部会員　エヌ・エス・フルシチョフ
ソヴィエト連邦大臣会議議長第一代理　ア・イ・ミコヤン
ソヴィエト連邦第一外務次官　ア・ア・グロムィコ
ソヴィエト連邦外務次官　エヌ・テ・フェドレンコ

が参加した。

会談の結果、以下のような日ソ共同宣言が調印された。

1　日本国とソヴィエト社会主義共和国連邦との間の戦争状態は、この宣言が効力を生ずる日に終了し、両国の間に平和及び友好善隣関係が回復される。

2　日本国とソヴィエト社会主義共和国連邦との間に外交及び領事関係が回復される。両国は、大使の資格を有する外交使節を遅滞なく交換するものとする。また、両国は、外交機関を通じて、両国内におけるそれぞれの領事館の開設の問題を処理するものとする。

3　日本国及びソヴィエト社会主義共和国連邦は、相互の関係において、国際連合憲章の諸原則、なかんずく同憲章第二条に掲げる次の原則を指針とすべきことを確認する。

（a）その国際紛争を、平和的手段によつて、国際の平和及び安全並びに正義を危くしないように、解決すること。

（b）その国際関係において、武力による威嚇又は武力の行使は、いかなる国の領土保全又は政治的独立に対するものも、また、国際連合の目的と両立しない他のいかなる方法によるものも慎むこと。

日本国及びソヴィエト社会主義共和国連邦は、それぞれ他方の国が国際連合憲章第五十一条に掲げる個別的又は集団的自衛の固有の権利を有することを確認する。

日本国及びソヴィエト社会主義共和国連邦は、経済的、政治的又は思想的のいかなる理由であるとを問わず、直接間接に一方の国が他方の国の国内事項に干渉しないことを、相互に、約束する。

4　ソヴィエト社会主義共和国連邦は、国際連合への加入に関する日本国の申請を支持するものとする。

5　ソヴィエト社会主義共和国連邦において有罪の判決を受けたすべての日本人は、この共同宣言の効力発生とともに釈放され、日本国へ送還されるものとする。

また、ソヴィエト社会主義共和国連邦は、日本国の要請に基いて、消息不明の日本人について引き続き調査を行うものとする。

6　ソヴィエト社会主義共和国連邦は、日本国に対し一切の賠償請求権を放棄する。
日本国及びソヴィエト社会主義共和国連邦は、千九百四十五年八月九日以来の戦争の結果として生じたそれぞれの国、その団体及び国民のそれぞれ他方の国、その団体及び国民に対するすべての請求権を、相互に、放棄する。
7　日本国及びソヴィエト社会主義共和国連邦は、その貿易、海運その他の通商の関係を安定したかつ友好的な基礎の上に置くために、条約又は協定を締結するための交渉をできる限りすみやかに開始することに同意する。
8　千九百五十六年五月十四日にモスクワで署名された北西太平洋の公海における漁業に関する日本国とソヴィエト社会主義共和国連邦との間の条約及び海上において遭難した人の救助のための協力に関する日本国とソヴィエト社会主義共和国連邦との間の協定は、この宣言の効力発生と同時に効力を生ずる
日本国及びソヴィエト社会主義共和国連邦は、魚類その他の海洋生物資源の保存及び合理的利用に関して日本国及びソヴィエト社会主義共和国連邦が有する利害関係を考慮し、協力の精神をもつて、漁業資源の保存及び発展並びに公海における漁猟の規制及び制限のための措置を執るものとする。
9　日本国及びソヴィエト社会主義共和国連邦は、両国間に正常な外交関係が回復された後、平和条約の締結に関する交渉を継続することに同意する。
ソヴィエト社会主義共和国連邦は、日本国の要請にこたえかつ日本国の利益を考慮して、歯舞諸島及び色丹島を日本国に引き渡すことに同意する。ただし、これらの諸島は、日本国とソヴィエト社会主義共和国連邦との間の平和条約が締結された後に現実に引き渡されるものとする。
10　この共同宣言は、批准されなければならない。この共同宣言は、批准書の交換の日に効力を生ずる。批准書の交換は、できる限りすみやかに東京で行われなければならない。

回顧録で鳩山は、ソヴィエト側の代表が極めて愛嬌とユーモアに溢れていたことを回想している。先に緊張感を解いたのはフルシチョフであった。

クレムリンのなかで、第一回の会談を開いた時のことである。双方が席について向い合った一瞬私の目の前に座っていたフルシチョフ氏が、いきなり手をのばし、机の上の飲み物にかぶせられていた白い布をサッと取り除いてこういった。

「これは決して原子爆弾ではありませんから、皆さん、どうかご安心を！」

大爆笑がおこって、それまで何となくぎこちなかったその場の空気は、この一言で一度に変わってしまった。

このエピソードからは、鳩山が原爆に対して痛烈に批判していたことを受けて、原爆を使用した米国への皮肉をこめたフルシチョフの振る舞いであることが考えられる。また鳩山が「もう一つ、会談を行なって感じたことは、フルシチョフ氏にしても、こちらの立場やいい分をよく理解して、一方的な無理はいわないということである。例えば、私が反共声明を行なったことも、また日比谷公会堂で第一声をあげた時のこともよく知っていて、私が『国交が正常化されても、ソ連は日本で共産化の宣伝なぞされては困る』と述べると、ブルガーニンは、『あなたが共産党を大嫌いで反共の声明を出したことは、よく判っています。だから国交が回復したからといって決してそんな真似はしませんよ』と笑って答え、そして『そのあなたが同時に、日ソ国交正常化について一番熱意を持っていることも、戦争状態の終結に一番熱意を持っていることも、こちらはよく知っています』と答えた」とのことである（鳩山　一九五七：二〇五、若宮　二〇一六：二九四―二九七）。

この日ソ共同宣言によって日本は国際連合に加盟することとなった。またソ連内にいる日本人の釈放と消息不明の日本人の調査が可能になった。そして、同宣言では二島返還に同意していたが、それは平和条約が締結された後としていた。いわゆる北方領土問題は先送りする形で国交が結ばれたのである。鳩山は日ソ国交回復を大きな外交成果として内閣総辞職し、政界から引退した。

おわりに

鳩山は退陣直後『回顧録』を執筆し、自身の人生を振り返った。『回顧録』は、吉田首相への不信感や、ソ連への訪問記録など、実にわかりやすく記述されている。米ソ会談にあたっての様子は、交渉の当事者としてではあるが、人間同士の交渉記録として優れたノンフィクションとなっている。鳩山は政界引退の二年後である一九五九年、狭心症のため死去した。

鳩山の孫にあたり、二〇〇九年九月一六日、民主党政権の首相となる鳩山由紀夫は「祖父一郎に学んだ『友愛』という戦いの旗印」で次のように説明している（https://www.hatoyama.gr.jp/ui.html〔二〇二三年八月二三日アクセス〕）。

現代の日本人に好まれている言葉の一つが「愛」だが、これは普通〈love〉のことだ。そのため、私が「友愛」を語るのを聞いてなんとなく柔弱な印象を受ける人が多いようだ。しかし私のいう「友愛」はこれとは異なる概念である。それはフランス革命のスローガン「自由・平等・博愛」の「博愛＝フラタナティ（fraternite）」のことを指す。

祖父鳩山一郎が、クーデンホフ・カレルギーの著書を翻訳して出版したとき、このフラタナティを博愛ではなくて友愛と訳した。それは柔弱どころか、革命の旗印ともなった戦闘的概念なのである。

祖父の「友愛」精神を引き継いだ政治理念を由紀夫は説いており、「人間は目的であって手段ではない。国家は手段であって目的ではない」というカレルギーの言葉を紹介している。

「国家」を守るために人間を犠牲にする戦前の国家主義とは対極にある発想といえる。鳩山自身は東条内閣に批判的であったが滝川教授追放に加担し、公職追放されたが、一九五〇年代、公職追放解除はもちろん、戦争に関わった戦犯が戦後閣僚・首相を務め、戦争への反省が不十分なまま戦後を歩んできたといえる。自由党と民主党が合同してできた政党の初代総裁である鳩山は、日本のそうした「保守」を復活させた政治家である。しかし、自由と民主主義を守るはずの政党の総裁として、鳩山を評価するとすれば、人命救助のためにソ連との国交を優先させた発想であり、「無辜の民」を殺傷した原爆を批判した姿勢だと思う。なぜなら、「人間は目的であって手段ではない。国家は手段であって目的ではない」からであり、政治とは「人民の人民による人民のための政治」であるべきだからである。

📖 参考文献
鳩山一郎（一九五七）『鳩山一郎回顧録』文藝春秋新社。

増田弘・中島政希監修（二〇一二）『鳩山一郎とその時代』平凡社。

宮崎吉政（一九八五）『日本宰相列伝⑲　鳩山一郎』時事通信社。

高橋博子（二〇一二）「隠匿されたビキニ水爆実験被ばく者」若尾裕司・木戸衛一編『核と放射線の現代史　開発　被ばく　抵抗』昭和堂。

若宮啓文（二〇一六）『ドキュメント北方領土問題の内幕　クレムリン・東京・ワシントン』筑摩書房。

From Tokyo To Secretary of State, December 27, 1954, File：Japan General 1951-54, Division of Biology and Medicine, Entry 326-73, Box12, Record of Atomic Energy Commission, Record Group326, National Archives at College Park, College Park, Maryland.　なお同文書は機密扱いされていたが、筆者が米国在住の研究者の協力を得て情報公開請求をした結果、二〇一四年七月一五日付けで公開された。

一九五四年一二月二七日、アリソン・重光会談文書、秘密指定解除・外交記録・情報公開室（二〇一八年一〇月四日）筆者の情報公開請求により、秘密指定が解除された。

＊鳩山一郎『鳩山一郎回顧録』（文藝春秋新社、一九五七年）から引用する際は、旧字から新字に直した。

第五章　石橋湛山（第二代総裁）
――良心を貫いたリベラリスト――

問題の所在

ロシアによるウクライナ侵攻や北朝鮮による度重なる弾道ミサイルの発射、覇権主義的な海洋進出の動きをみせる中国など、日本を取り巻く安全保障環境は近年、劇的に変化しているとの指摘がある。岸田文雄首相は防衛力の抜本的な強化と、その裏付けとなる防衛予算の大幅な増額、増税方針までをも決定した。一定程度の世論も理解を示しているとされる。しかし、むやみやたらに外的な脅威をあおり、内的な批判を抑え込む政権の姿勢が果たして妥当なのか。首相の説明はとても十分とはいえない。そんなきな臭さが漂う今だからこそ、石橋湛山が戦前、戦中、戦後を通し、訴え続けた主張、思想哲学に耳を傾けるべきではないか。

石橋は一九五六年一二月一四日、候補者三人による激しい総裁選挙を経て、第二代自民党総裁に選出された。同月二〇日、第五五代首相に指名される。戦前戦中はジャーナリストとして活動し、その経歴と庶民的な人柄から「平民宰相」と呼ばれた。「一千億減税、一千億施策」を軸とする積極経済政策に加え、政財界の綱紀粛正や世界平和の確立など「五つの誓い」を掲げて国民的な人気を集めた。しかし、翌五七年、新春早々の全国遊説や激務の無理が重なって病に倒れた。同年二月二二日、「私の政治的良心に従う」との書簡を発表し、内閣総辞職を決断した。

首相としての在任期間はわずか六五日間。現行憲法下では羽田孜首相（一九九四年四月二八日～六月三〇日）に次いで二番目に短い。自民党総裁としての在任も九八日間だった。それでも、作家の保阪正康による「最短の在任、最大の業績」との指摘もあるように（保阪　二〇二一：二九八）、その業績は今もなお高い評価を得ている。在籍期間だけで単純に宰相の優劣が決まるわけではない。石橋がもし、もっと長い期間、首相を務めていれば—と、歴史のイフを想起せざるを得ない。戦前戦中の日本の拡大主義を批判して訴えた「小日本主義」など、その主張は今も色あせない。石橋の研究、関連の論考は数多ある。そのなかでも、できるだけわかりやすくその足跡を紹介することを試みる。そして、在任期間の短さから総理総裁在任中には十分にリーダーシップを発揮することはできなかったが、退陣後の功績と、思想の後々の影響力についても考察したい。石橋が貫いた「徹底した平和主義」、平民宰相の遺訓の重さを改めて考えたい。

第一節　気骨あるジャーナリスト

（一）　生い立ち

本年（二〇二三）は、石橋の没後五〇年に当たる。ＪＲ日暮里駅から三、四分歩いた東京・荒川区の日蓮宗寺院「善性寺」に、石橋の墓がある。横長の洋型である。日本の首相としての洋型の墓は初めてとされる。同じ境内には不滅の六九連勝の記録を誇った昭和の大横綱、双葉山も眠る。先々代の住職が石橋と知り合いだった縁から、ここが石橋家の菩提寺になったという。今も命日などに手を合わせる人びとが絶えない。そんな石橋は戦前、気骨のある言論人、ジャーナリストとして活動した。そこに至る生い立ちから、まず振り返る。

石橋の父、杉田日布（湛誓）は日蓮宗の僧侶だった。一八八四年、当時、日蓮宗東京大教院（現在の立正大学の前身）の教職を務めていた湛誓と母きんの間に石橋は生まれた。三男三女の六人兄弟の長男だった。幼名を省三といい、母方の石橋姓を継いだ。きんは畳問屋として江戸で名を馳せた石橋藤左衛門の次女で、石橋家は代々熱心な日蓮宗の信者であった。

一八八五年、父湛誓が山梨県の寺院の住職となったため、石橋も甲府に移る。その後、父は静岡県の寺院の住職となるが、石橋自身は一一歳から山梨県鏡中条村（現・南アルプス市）の長遠寺住職の望月日謙に預けられ、幼少、青年期を山梨で過ごすことになる。一八九五年、山梨県立尋常中学校（現・甲府第一高校）に入学した。しかし、「はなはだ悪童ぶりを発揮」（石橋　一九八五：二六）し、二度落第する。ただ、落第のおかげで運命的な出会いを果たす。新校長として赴任してきた大島正健は、札幌農学校（現・北海道大学の前身）一期生で、かのウィリアム・クラーク博士に直接の薫陶を受けた。省三少年も大島校長から折に触れて、クラーク博士の教えを聞かされ、「私の一生を支配する影響を受けた」（石橋　一九八五：二八）という。「ボーイズ・ビー・アンビシャス」で知られるクラーク博士は熱烈なキリスト教徒であり、徹底した民主主義教育の実践者だった。日蓮宗の家に生まれ、どこかで宗教家を意識していた石橋にとって、クラーク博士は憧れの存在となった。

一九〇二年三月、県立尋常中学校を卒業した。この頃、僧籍には入らなかったものの、得度して省三から湛山と改名した。医師や宗教家を志し、第一高等学校（現・東京大学教養学部）を受験するが、二年続けて不合格となる。そこで早稲田大学高等予科の編入試験を受けて合格し、一九〇三年に入学する。石橋のその後の運命を決定づける東京生活が始まった。

学生時代の石橋に大きな影響を与えたのが、早稲田大学教授の田中王堂だ。シカゴ大学教授でプラグマティズム（実用主義）を代表する思想家ジョン・デューイの教えを受けた倫理学の大家といわれた。その講義は難解で、多くの学生は苦手だったとされるが、石橋は「もし今日の私の物の考え方に、なにがしかの特徴があるとすれば、主としてそれは王堂哲学の賜物であるといって過言ではない」（石橋　一九八五：七八）と感謝している。歴史学者で岡山大学教授の姜克實は石橋の一生を支えた思想哲学として、王堂の哲学から受け継いだ「節度ある個人主義、自律性ある自由主義であった」（姜　二〇一四：二三六）と評す。幼いころ、やんちゃで鳴らした石橋も王堂との出会いで勉学に力を入れ、哲学科や文学科を首席で卒業するまでになった。卒業後は一年間、特待研究生として大学の研究科に在籍した。

一九〇八年一二月、文芸評論家の島村抱月の紹介で東京毎日新聞社に入る。同社は後に早稲田大学の総長となる田中穂積が主筆を務める大衆向けの新聞で、現在の毎日新聞社とは異なる。社会部に配属され、最初の仕事は母校早稲田大学の創始者である大隈重信へのインタビューだった。だが、上司から求められたのは「正月のお飾りについて聞いてこい」という仕事で、大いに失望したという。同社を一年足らずで退社し、一年志願兵として東京麻布歩兵第三連隊に入る。周囲に社会主義者と誤解されることもあった。

（二）ジャーナリスト・石橋湛山

石橋がジャーナリストとして言論、執筆活動を本格化させたのは一九一一年一月に東洋経済新報社に入ってからだ。日露戦争後の日本は思想の激動期で、自然主義や個人主義、自由主義が叫ばれていた。当時、早くから普通選挙の導入を主張していた同社の植松孝昭主幹、副主幹の役割を果たしていた三浦銕太郎は経済専門の『東洋経済新報』に加え、月刊で社会評論を中心とした『東洋時論』を発行していた。石橋は『東洋時論』を担当することとなった。同社を紹介した田中からは月給二〇円と聞いていたが、実際は一八円で厳しい生活を余儀なくされた。それでも、この二人との出会い、東洋経済新報社での研鑽がなければ、後の政治家・石橋は生まれていなかったといっても過言ではない。私生活においても、三浦の紹介で、東小松川松江尋常高等小学校の教師であった岩井うめ（梅子）と一九一二年一一月に結婚。後に二男一女を授かる。

『東洋時論』は売れ行きが伸び悩み、主幹植松が三七歳の若さで死去したことも相まって、石橋の結婚直前には廃刊となった。石橋は『東洋経済新報』の担当に移り、政治・経済欄を担当した。徐々に頭角を現すこととなる。時代は大正デモクラシーの風が吹き始めていたころ。石橋は英語の原書を読んで、独学で経済についての知識を深めた。一九一四年七月、第一次世界大戦が勃発すると、日本の参戦に反対の論陣を張る。帝国主義への道を歩み始める日本政府に対して異論を次々と発表した。にもかかわらず、日本はドイツに宣戦布告し、大戦に参加した。その結果、大戦前にドイツがもっていた中国・山東省の権益や南洋諸島の委任統治権などを引き継いだ。

反骨のジャーナリスト、石橋の主張は「小日本主義」「普通選挙の導入」の二本柱だった。小日本主義は軍事力で領土を拡大し、植民地政策を進める「大日本主義」とは逆に内政に重きを置く考えだ。元来は『東洋時論』主幹の植松らが説き、社内勉強会での議論を通し、石橋も理解を深めていった。小日本主義を鮮烈に印象づけたのが一九二一年七月の社説「一切を棄つるの覚悟」である。一部引用する（『東洋経済新報』一九二一年七月二三日号）。

何もかも棄てて掛かるのだ。これが一番の、而して唯一の道である。しかし今の我が政府や、国民の考え方では、この道は取れそうにもない。（中略）もし政府と国民に、総てを棄てて掛かるの覚悟があるならば、会議そのものは、必ず我に有利に導き得るに相違ない。例えば満州を棄てる、山東を棄てる、その他支那が我が国から受けつつありと考うる一切の圧迫を棄てる、その結果はどうなるか、（中略）英国にせよ、米国にせよ、非常の苦境に陥るだろう。何となれば彼らは日本にのみかくの如き自由主義を採られては、世界におけるその道徳的位地を保つを得ぬに至るからである。

欧米に対し、日本は「道徳的優位」をもつべきであり、日本が満州や朝鮮、山東省を放棄すれば、インド、エジプトなどを植民地とする米国やイギリスなどの立場が道義的に苦しくなる。逆に弱小国であっても、日本への国際的な信頼感が高まるとの主張だ。植民地を日本が「経営」するよりも、欧米諸国と貿易を拡大することの方が利がある――と実体経済を考えた上での判断もあった。大日本主義では大日本になろうとしてもなれない。むしろ小日本主義に徹することこそ、日本が飛躍する道だということである（田中 二〇〇四：二〇三）。単なる理想論にとどまらない。国際社会における日本の立ち位置を冷静に俯瞰していた石橋だからこその論考といえよう。

石橋の主張の二本柱のもう一つ、「普通選挙の導入」についてもみてみる。日本で初めての選挙が行われたのは一八九〇年の衆議院議員選挙だった。ただ、選挙権は直接国税一五円以上を納めている二五歳以上の男子に限られ、全人口のわずか一％どまり。転機は大正期にやって来る。一九一八年の米騒動と、第一次世界大戦後の翌一九一九年のパリ講和会議を契機に、普通選挙の獲得を求める声が広まった。石橋は「選挙権を与えることこそ、政治教育の最良の方法であって、選挙権を与えずに、まず大衆に政治教育を施すなどということは、到底不可能であるし、そんな理由で、普通選挙制の実施を拒むのは、結局、保守主義者の逃げ口上だ」（石橋 一九八五：一八二）と訴え、街頭のデモにも参加した。こういった活動の効果もあり、一九二五年に納税要件は撤廃される。ただ、女性参政権を含めた普通選挙の実現は太平洋戦争後を待つことになる。

石橋は当時のオピニオンリーダーの一人として注目を集め、一九二四年一二月には東洋経済新報社の第五代主幹、翌一九二五年一月には代表取締役専務に就任した。一方、戦後政界での活躍を前に、すでに戦前、地方議員を経験している。一九二四年、当時居を構えていた鎌倉町議会議員選挙に立候補し、七八票で初当選する。定数二四のうち得票数は三位だった。一期務め、新報の主幹を務めながらの多忙な日々を送り、一九二八年に任期満了で辞任する。石橋の町議会議員としての功績の多くは伝わっていない。議会においても言論人として相応の存在感を発揮したと想像するが、残念なことだ。

（三）エコノミスト・石橋湛山

自由主義を訴えた言論人に加え、石橋の名声を高めたのがエコノミストとしての側面だった。金輸出解禁を巡る論評で「日本のケインズ」との異名もとった。日本は第一次世界大戦のさなか、一九一七年九月に米国に続き金の輸出を禁止し、事実上の金本位制を停止。米国は二年後の一九一九年に金輸出を解禁したが、日本はタイミングを逸し、戦時下の一時的措置だったはずの金禁輸を続けた。貿易収支は赤字に転じ、為替相場も下落した。戦時中は「成金」が登場するほど活況を呈した日本経済も不況に陥った。そこで経済界をはじめ金解禁への圧力が強まるが、かつての金平価（旧平価）で解禁するか、時節に応じて円の価値が下がった新平価で解禁するかの論争が起こった。

石橋は『東洋経済新報』を通し、新平価での解禁を主張するが、浜口雄幸内閣の井上準之助蔵相は「円価格の下落は国辱だ」との財界の主張を受けて、旧平価での解禁を決定した。一九三〇年の金解禁後、国内の金流出は著しく物価下落につながった。そこで石橋は再び金本位制を停止し、通貨の価値を切り下げるよう自説を展開した。翌一九三一年一二月に犬養毅内閣の高橋是清蔵相は金輸出を再び禁止した。政府の旧平価解禁に対し、筋道立って真っ向から批判をした論客は必ずしも多くなかった（長　二〇〇九：三四）。金解禁論争での石橋の活躍は、政財界や論壇での評価を全国的に高めることとなった。

この間、不況にあえいでいたのは日本だけではなかった。一九二九年、米ニューヨーク証券取引所の株価暴落に始まった世界恐慌は資本主義世界全域に波及する。銀行や企業が倒産し、多数の失業者が出た。翌一九三〇年には日本にも恐慌の波が到来し、銀行の休業と破綻が相次いだ。全国各地の農村では小作争議が発生。世界各国でも局面打開を期して軍国主義、ファシズムが台頭した。日本も例外ではなかった。一九三一年九月、関東軍が満州の奉天近郊で南満州鉄道の線路を爆破する「柳条湖事件」が発生する。関東軍は中国軍の犯行だと発表し、それを口実に満州各都市に侵攻した。いわゆる満州事変の勃発で、関東軍は半年で満州全土を占領した。

満州事変で日本は軍拡路線に突き進み、昭和史の大転換点となった。朝日、毎日の大新聞を筆頭に大半のメディアは世論を扇動し、全面的に関東軍を支持。「満蒙権益の確保」「新満蒙の建設」などと大々的に報じた。陸軍中央も積極的に新聞の指導に乗り出した。そのなかにあって、世の流れに抵抗していたのが、石橋であり、『東洋経済新報』であった。社説「満蒙問題解決の根本方針如何(いかん)」で痛烈な事変批判を展開した。一部引用する(『東洋経済新報』一九三一年九月二六日、一〇月一〇日号)。

戦の要道は、敵を知り、我を識(し)るにあるといわれる。これは平和の交際においても同様だ。しかるに我が国民の支那に対するや、彼を知らず、我をも識らず、ただ妄動しているのである。それでは支那と戦うにしても、和するにしても旨く行きようはずがない。(中略)満蒙は、いうまでもなく、無償では我が国の欲する如くにはならぬ。少なくも感情的に支那全国民を敵に廻し、引いて世界列国を敵に廻し、なお我が国はこの取引に利益があろうか。それは記者断じて逆なるを考える。

石橋はこの後も何度も「日本は満州を必要としない」と訴えたが、世のなかの趨勢は全く逆であった。世論の支持、大手マスコミの号令を背に日本は戦線拡大を続ける。一九三三年に日本は国際連盟を脱退し、国際的に孤立する。満州国建国後はさらに中国北部へ進出し、盧溝橋事件を経て日中戦争は長期化の様相を呈す。一方で、世界に目を向けると、一九三九年九月にドイツがポーランドに侵攻し、第二次世界大戦が勃発した。日本はドイツ、イタリアと三国軍事同盟を結び、さらに資源を求めて東南アジアにも戦線を広げる。こうした動きに対し、アジアでの権益確保を狙っていた米国が反発する。外交交渉も決裂し、一九四一年一二月八日の日米開戦に至る。

石橋はこの混乱の最中、戦後、断続的に国際秩序が危機に瀕する事態を予見するような「百年戦争の予想」と題した論説を一九四一年七月にすでに記している（『東洋経済新報』一九四一年七月五・一二・一九日号）。

ここに百年戦争の予想などという妙な題を掲げましたのは、必ずしも戦争そのものが百年続くと申すのではありません。昔の英仏百年戦争も、一三三八年から一四五三年まで、毎日毎日戦争をしていたわけではありません。ただこの間両国は敵対関係を続けておりました。そしてしばしば戦争を繰り返したのであります。いわんや現今の戦争の如く、武器が進歩し、惨禍が広く銃後の民衆にまで及ぶ戦争が百年もの間、毎日間断なく続け得るものではありません。（中略）私は、今日の世界の政治的不安動揺は容易に収まらない、現在の戦争そのものは、近く片付くといたしましても、それで戦争は終るとみられない、かように考えるのであります。

石橋は日米開戦時、東洋経済新報社の取締役社長で五七歳だった。新聞紙等掲載制限令や治安維持法などで言論統制が強まっていたなかでも筆をとり続ける。だが、石橋が書いた論考には度々処分が下され、戦況の悪化に伴い、新報はページを減らすことも余儀なくされた。東洋経済新報社自体にも戦争の影響が及び、社員の約二割が応召された。社員の戦死者は一六人に及んだ。そのなかの一人が石橋の次男、編集局員の和彦だった。

「私は自由主義者ではあるが、国家に対する反逆者ではない」。後々語り継がれることとなる、この慟哭の叫びは和彦の戦死が正式に知らされた後の追弔の会合で、石橋が語った言葉である。和彦は東洋経済新報社に入社したものの、一九四二年九月に海軍経理学校に補習学生見習尉官として入校し、翌一九四三年一月には海軍主計中尉として南方に出征する。しかし、一九四四年二月六日、マーシャル群島ケゼリン島で戦死する。石橋は日記に「此の戦　如何に終るも　汝が死なば　父が代りて　国の為に生かさん」と無念の思いを記した（石橋　一九七四：七九）。

戦死の公報を正式に受けたのが一年後の一九四四年二月。追弔の会合で「私はかねて自由主義者であるために軍部及びその一味から迫害を受け、『東洋経済新報』も常に風前の灯のごとき危険にさらされている。しかしその私が今や一人の愛児を軍隊に捧げて殺した。私は自由主義者ではあるが、国家に対する反逆者ではないからである」と語り、集まった人びとの涙を誘った。

石橋は終戦を疎開先の秋田県平鹿郡横手町（現在の横手市）で迎えた。小さな印刷工場を買って編集局の一部局員と工場を疎開させていたからである。「堪え難きを堪え、忍び難きを忍び」と日本がポツダム宣言を受諾し、無条件降伏することを知らしめた玉音放送を、秋田の地で聞いた。そして、その一九四五年八月一五日の午後三時には東洋経済新報社横手支局に、横手経済倶楽部の有志を集め、「更正日本の進路」と題して講演をした。

この間、戦線拡大への抵抗姿勢を示してきた石橋にとって、終戦は予想できたことであった。悲嘆に暮れるわけではなく、むしろ今後の日本の再興をしっかり見据えていた。科学立国で日本を再建し、小日本主義を改めて目指すことで、その前途は明るいとの持論を訴え始めた。

石橋は戦前戦中を通し、オピニオンリーダーとして「小日本主義」「徹底した平和主義」を訴えた。言論人として、東洋経済新報社の社長として一定のリーダーシップを発揮したといえよう。ただ、現実として影響力は限定的だった。それにも増して、世の趨勢は無謀な戦いに突き進んだ大本営を支持する声が多く、石橋の冷静な分析に耳を貸す余裕がなかった。その限界こそが石橋を政界に進ませた原動力であったのかもしれない。これも歴史のイフではあるが、石橋のような思想人が戦前戦中のリーダーであったならば、どうなっていたであろうか。

第二節　政界進出と公職追放

（一）　政界入り

戦後、石橋は政界入りを志す。その理由は二つあった。自ら長年訴えてきた男女普通選挙が一九四六年の第二二回衆議院選挙で実現した。しかし、この年の初め、連合国軍総司令部（ＧＨＱ）の指令によって多数の政治家が追放され、人材が不足していた。「ただ文筆界に引き込んでいる時ではなく、どれほどの働きが出来るかは知らず、一奮発すべきではないかと考えた」（石橋　一九八五：二六）からだ。もう一つの理由は、自身の経済論を実践するためだ。当時、戦後経済の混乱、インフレへの懸念から緊縮財政を求める声があったが、石橋は「緊縮財政の危険」を訴えた。

一九四六年四月に行われた衆院選には日本社会党からの誘いを断り、日本自由党公認で東京都第二区（大選挙区制）から立候補する。石橋の知名度は論壇など一部に限られており、準備不足もあって初めての国政選挙で落選。それでも、同年五月に発足した第一次吉田茂内閣に蔵相として初入閣を果たす。当初、石橋に声を掛けたのは総選挙で日本自由党を率いた鳩山一郎だったが、直後に鳩山は公職追放となる。すでに閣僚人事がほぼ決まっていたため、後を継いだ吉田がそのまま石橋を登用することとなった。これをもって石橋は東洋経済新報社の代表取締役を辞任し、ジャーナリストから政治家に転身を遂げることになる。

国会議員を経ず内閣入りした石橋にとって蔵相は大変な重責だった。これまで生きてきた文筆界とは文化や作法がまったく異なる。初めての経験ばかりだった。それでも、「日本のケインズ」として名を馳せた理論家にとって、自らの経済復興計画を実践する、またとない好機でもあった。デフレを押さえるためインフレに舵を切る積極財政策「石橋財政」を進めた。重点産業である石炭、電力、鉄鋼増産のため傾斜的に融資するため、政府は一九四七年一月に復興金融金庫を開業させた。財政方針演説など国会演説の草稿は自ら書いた。賛否両論あろうが、今の閣僚が官僚の書いた原稿を読み上げている姿とは異なる。ただ、在任一年間の実績は石炭増産などに限られ、戦後占領期の混乱のなか、インフレによる経済回復は道半ばであった。政治家・石橋はほろ苦いデビューを果たすこととなった。

(二) 公職追放

一方で、戦時補償債務の打ち切り問題や進駐軍経費問題を巡って、GHQや野党、評論家などが猛反発した。当時、進駐軍の経費は戦後賠償費として日本が負担していた。軍関係者の邸宅建設やゴルフ場などの経費も肩代わりしており、日本の国家予算の三分の一を占めていた。このため石橋は負担軽減を求め、米国も国際的な評価やその後の統治を円滑に進めることを考慮し、日本の負担額を二割削減した。しかし、この毅然とした態度が米国から不興を買ったとされる。一九四七年四月、第二三回衆議院選挙で静岡二区(中選挙区)から初当選を果たしたものの、翌五月、GHQから公職追放された。

公職追放の動きは数ヵ月前から水面下で進んでいたが、石橋自身は「俺はいささか世界に聞こえたリベラリストだ。何でアメリカが俺を追放するものか」と楽観視していた(石田　一九八五：四三)。追放の理由は石橋が公職追放指令の「その他の軍国主義者、超国家主義者」に該当し、その根拠に「東洋経済新報社の編集方針に係る石橋の責任」「戦争必至論を助長し戦争に加担した」ことが指摘された。世論もこれには動揺し、石橋自身、「理由承認し難し」と反発した。公職追放に対する「弁駁書」を徹夜で書き上げ、提出したが、反論が受け入れられることはなかった。これによって五月一七日から約四年間に及ぶ追放生活に入る。追放の真相として、当時の吉田首相が自由党の次期総裁候補として台頭した石橋を警戒し、何らか関与したのではないかとの説が根強い。石橋自身も吉田に手厳しい。「あの人（吉田）は英語ができるから、司令部のマッカーサーと話ができるというだけで権威をもっていた」（石橋　一九四：六四）とまでいい切っている。ここでもまた、歴史のイフを感じざるを得ない。石橋が公職追放されなければ、どうなっていたのか―と。石橋が首相に昇り詰めるのがもっと早く、健康状態も良好であれば、どうなっていたか。それならば、長期政権を築いていた可能性もあるのではないか。何とも評価は難しいが、ここまでみてきた信念を貫いた石橋だったからこそ、追放に至ったわけであり、それでこそ、その後の「平民宰相」の姿があるのである。

公職追放中の石橋は一九四七年一一月に新たな活動の場として「自由思想協会」を設立する。師と仰いだ早大教授田中の「正しき個人主義」の実践に取り組むためだ。リベラリストとしての活動を在野で続け、集会や講演などを重ねたが、ＧＨＱの監視、干渉を受けて自粛を余儀なくされる。隠居生活に入った石橋は東洋経済新報社からの依頼を受けて、回顧録を執筆した。追放が解除されたのは、日本が主権を回復して独立を果たすサンフランシスコ平和条約が調印される約二ヵ月前、一九五一年六月二〇日だった。続いて鳩山も追放が解除され、石橋は自由党鳩山派の最高幹部として再び表舞台に立つことになる。六六歳になっていた。

一九五四年、第一次鳩山内閣発足時、石橋は再び蔵相を希望したが、財界とのパイプを優先した鳩山は日銀総裁の一万田尚登を蔵相に充て、石橋は通産相に就任した。第三次内閣まで通産相を続ける。一九五五年一一月、自由党と日本民主党による保守合同によって自由民主党が結成されると、石橋も自民党に入る。

第三節　六五日間の首相、九八日間の総裁

(一)　苛烈な総裁選

太平洋戦争の終結から十年余りが過ぎ、『経済白書』では「戦後は終わった」と評された時代だった。石橋は、わずか七票差で自民党総裁の座を射止めた。内政では積極財政による経済成長、外交においては独立自主外交を掲げた。しかし、就任から二カ月ももたず病に倒れ、退陣を余儀なくされる。短命ではあったが、首相として目指した日本の姿はどうであったのか。この節でみていきたい。

一九五六年、日ソ共同宣言によって日本とソ連の国交が正常化した後、鳩山首相は退陣した。前年結党したばかりの自民党の二代目総裁を争ったのは、岸信介、石井光次郎、石橋の三人であった。当時の自民党は主流派、旧吉田派、改進派の三つの勢力に分かれており、石橋は非主流派のなかでも中間派で、いわゆる「石橋派」は側近の石田博英ら数人に限られていた。しかし、言論人、経済人として注目されてきた経緯もあり、鳩山退陣前から石橋は「次期総裁候補」と目されていた。

自民党総裁選挙は一二月一四日、東京・産経ホールで行われた。目下の大本命は岸といわれ、当日の朝まで、決選投票となった場合の石橋、石井両陣営による「二・三位連合」に向けた協議が断続的に行われ、何とか話がまとまっていた。予想通り、一回目の投票結果は岸二二三票、石橋一五一票、石井一三七票。誰も過半数の二五六票を獲得できず、岸と石橋による決選投票となった。その結果、石橋が二五八票、岸が二五一票、無効投票が一票と、七票差での逆転勝利となった。会場は半分が歓喜に沸いたが、岸を応援していた議員たちの大半は黙ったままで拍手も送らなかったという。

新総裁として登壇した石橋は「時代の声望を一身に受けた鳩山首相のもとですら、時局はなかなか容易でなかった

ことであり、私がこの地位について果たして期待にそえるか心中恐々としている。どうかこの上は本日候補として挙げられた岸、石井両氏はじめ、党長老などの絶大な支援を受けて党運営を円満に図り、国家のため保守党の神髄を発揮したいと思います」とあいさつした。七二歳の石橋は低姿勢に努め、党内の分断を修復するため「ノーサイド」を演出した。

石井との「二・三位連合」に向けて奔走したのは石橋内閣で官房長官に就任した石田だった。石田は『中外商業新報』(現在の『日本経済新聞』)の元記者で、中外商業新報編集局長の紹介で石橋と知己を得て、政界進出後は自ら「側近」を名乗るほどであった。総裁選挙の裏では、その後も繰り返されるように「実弾」と「ポスト」が飛び交った。石田がポストの「空手形」を乱発したとされる。その混乱もあって、石橋内閣は閣僚の人選に時間を要し、任命されるまで石橋は全閣僚を臨時代理の形で兼任した。

組閣は難航したものの、最終的に外相に岸、蔵相に池田勇人、法相に中村梅吉らの顔ぶれが決まった。閣僚全員が揃った認証式は一二月二三日に行われ、石橋首相は「私は忠実に国民の意思を反映する責任政治を実行して、明るい平和で自由な民主日本の建設に身をささげる覚悟であります」とする政府声明を発表した(『北海道新聞』一九五六年一二月二四日)。このなかで、石橋は「経済積極策の断行」と「自主外交」という内閣の二本柱を明示した。経済積極策は、その後の池田首相が「所得倍増計画」として打ち出した高度経済成長策のベースになるものであった。外交は対米従属外交ではない。ただ自由主義国家の一つとして、自主外交を貫くというのが石橋の持論だった。いずれのスローガンも、着手にさえ至らず、志半ばで終わったが、この段階で明確な方針を打ち出したことに、石橋のリーダーシップの一端が垣間みえる。

(二) 潔い退陣

年が明け、一九五七年一月八日、国民皆保険を目指すことを閣議決定した。その後、石橋は全国遊説に回り、五箇条のご誓文にならい「五つの誓い」を訴えた。(一)国会運営の正常化、(二)政界及び官界の綱紀粛正、(三)雇用の増大、生産の増加、(四)福祉国家の建設、(五)世界平和の確立—の五点だ。北海道から九州まで全国一〇カ所を九日間で回る強行軍だった。各地で「石橋ブーム」と呼ばれるような現象が起こり、一般民衆の歓迎を受けた。しかし、突然の体調不良は、この無理がたたったといわれる。同二三日には母校早稲田大学の大隈会館で開かれた総理就任祝賀会で、ガラス戸が開けっ放しのなか、薄着のモーニングで立ち続けたことも一因とされた。石橋は突然、体調不良を訴え、一月二四日、午後から静養に入り、二五日朝には起き上がることができなかった。腕が動かず、次第に言語も不明瞭となった。脳梗塞だった。ただちに岸が首相臨時代理となったが、石橋は医師から二ヵ月の絶対安静が必要と診断された。

石橋の脳裏にあったのは、ジャーナリスト時代の自らの「主張」だった。満州事変の直前、当時の浜口首相が右翼の青年に撃たれ、国会に出席できず政権運営に支障が出た。石橋は浜口の事件に同情を示しつつも、速やかに辞任しなかったことを批判した。自ら同じ状況に陥り、言行一致の人であった石橋は国会答弁が不可能と判断し、辞任を決断した。「新内閣の首相としてもっとも重要な予算審議に一日も出席できないことがあきらかになりました以上は首相としての進退を決すべきだと考えました。私の政治的良心に従います」との書簡を発表し(増田 一九九五:二一五)、二月二三日、石橋内閣は総辞職する。わずか二ヵ月の短命政権だった。

短命で実践することは叶わなかったが、石橋首相の外交方針はどうであったか。首相就任後初の記者会見では、米国と連携するが向米一辺倒にならず、中国との経済的関係の構築に意欲を示した。「中国との国交回復は極めて難しく、当面の課題にはならない」としながらも、明確なメッセージを打ち出したといってよい。中国のみならず、東南アジア、中近東、中南米での新たな市場開拓を見据え、必要な投資と外交的努力に前向きな姿勢をみせた。ほぼ「全方位外交」の様相を呈していた（上田 二〇二一：二八七）。

もちろん何か成果が残せたわけではないが、期待感は高まった。石橋研究で名高い政治学者の増田弘立正大学名誉教授は「湛山のリーダーシップが発揮される状況が生まれた場合、そのときこそ、日中関係の進展が大いに期待できたと想定できる」（増田 一九九五：二一五）と指摘する。その後の岸内閣時代の日中関係の断絶や安保騒動も別の形態を取った可能性も考えられるという。歴史のイフを数多くの学者や作家が語る。石橋が病に倒れず、長期政権を築いていれば、日本はどうなっていただろうか――と。

経済政策でも、石橋は独自色を発揮した。戦争に負け、軍事力を失った日本にとって、いかに世界に互するかといえば、経済力でしかなかった。「もはや戦後ではない」というまでに早期に復興を遂げた日本は一九五四年には一九六〇年の夏季五輪招致に名乗りを上げるほどであった。翌一九五五年に招致レースでローマに敗れたものの、石橋退陣後の一九五九年には一九六四年東京五輪の開催を決定する。そんな経済成長著しい時代ではあったものの、欧米諸国に比べれば競争力は乏しかった。そこで戦後復興からの確実な経済発展を獲得するため、石橋は積極経済路線に突き進んだ。確かに、石橋が「雇用の安定」を掲げながらも現実的には失業者がそこかしこに残り、政府の対応が十分ではないとの批判は絶えなかった。それでも石橋は「企業の設備投資を増やせば雇用は安定する」との持論を曲げなかった。これによって景気が良くなりそうとの期待感（保阪 二〇二一：二四七）が石橋に託されることとなった。短命政権で実現することはできなかったが、先述した通り、その本懐は池田政権で達成されることとなる。そこに石橋の思想としてのリーダーシップの影響力をみることができる。

第四節　日中・日ソ元首相外交の展開

(一)　中国訪問

国会への出席が当面かなわず潔く退陣を決断した石橋であったが、幸いなことに脳梗塞の症状は軽かった。後遺症が若干は残ったものの、徐々に政治活動を再開できるまでに体調は回復する。首相、総裁の在任中に発揮することができなかったリーダーシップが違う立場で発揮されることとなる。

一九五七年二月に発足した岸内閣は当初、石橋内閣の方針を踏襲すると表明し、三月三一日には石橋内閣の下で作成した予算案を成立させる。だが、そもそも政治家としての思想信条を石橋とは異にする岸が「脱石橋」の路線に舵を切り、独自色を発揮するのは時間の問題だった。体調が回復し、政治活動を再開させた石橋は岸内閣とは距離を置き、自民党内の反主流派としての動きを強める。その象徴的なものが、日中国交正常化に向けた石橋の中国訪問だった。

石橋は、訪中に先立って中国側の真意を探ろうとする。一九五九年六月四日付で周恩来首相に宛てた書簡で、「石橋三原則」と呼ばれる方針を伝えた。㈠日中の団結により東洋の平和を守り、世界平和を促進すること、㈡両国は、経済、政治、文化においてできるかぎり国境の障害を撤去し、お互い交流を自由にすること、㈢両国がソ連、米国その他と結んだ従来の関係はそのままとして、にわかに変更を求めないこと―の三点である。これに対し、周首相からは「両国間の関係は却って『甚だしく悪化』いたしました」と、にべもない返事がくる。再度、石橋は「いやしくも貴国訪問を決行するからには、両国の国交正常化の方向に一歩でも二歩でも近づくところの実行を挙げなければならぬと信じてをります」との書簡を送った。周首相から三原則に言及することはなかったが、「招請状」が送られてきた。一方、岸首相は五七年六月に台湾を訪問し、中国側の反発を受けていた。石橋の動向を「同盟国アメリカの意思に反する行為であり、日本政府とは一切関係ないものとする」と宣言。それでも石橋は中国訪問を決行する。

前首相、一衆院議員の立場であり、政府の一員ではないが、政権与党の自民党からは初めての訪中となり注目を集めた。入国してから数日間待たされたが、粘り強い交渉で、一九五九年九月一七日、周首相との会談が実現した。石橋は、冷戦構造を乗り越え、日本が架け橋となる形での日中米ソ平和同盟を主張した。当時はまだ国際連合の代表権をもっていなかった中国共産党政権にとって好都合の提案で、周首相は同意。さらに、台湾に対して武力行使をしないことを明言した。

会談の結果、発表した石橋・周共同声明では「日中両国民は、領土主権の相互尊重、相互不可侵、内政不干渉、平等互恵、平和的共存の五原則と、バンドン会議の十原則に基き、両国民の友好の促進に努力し、国民の相互信頼を深め、両国の現在の関係を改善し、また一日も早く両国の関係を回復するよう協力すべきである」と高らかに宣言した(『北海道新聞』一九五九年九月二一日)。注目すべきは、日中関係において「政経不可分」の原則をうたったことである。岸内閣はあくまでも「政経分離」の方針を変更せずとの立場であったが、外交関係のない日中関係の局面打開のためには、まずは経済交流を優先するとの考えであった。石橋・周共同声明は、一九七二年の国交正常化に伴う日中共同声明に繋がったと評価される。首相在任中には発揮できなかった外交面でのリーダーシップがことここに及んで発揮される。現在の日中関係は楽観視できる状況ではないが、東アジアの安定と平和を考えれば、長期的にみて、日中関係の改善は欠かせない。日本の政治家として「第一歩」を踏み出した石橋の功績は大きいと思われる。

一方、石橋の訪中後、日本は戦後の歴史的な転換点を迎える。「六〇年安保闘争」だ。岸内閣は一九五一年に締結された日米安全保障条約の不平等性を解消し、日本の自主性を取り戻すとして、一九六〇年一月、新安保条約に調印。しかし、国会審議は安保廃棄を求める日本社会党の反発で紛糾した。改定によって日本が米国の戦争に巻き込まれる懸念や在日米軍の犯罪免責特権に批判が集中し、反対運動は大きなうねりに発展した。五月、衆議院の特別委員会で与党のみの賛成で強行採決され、衆院を通過すると、デモ隊が国会議事堂を取り囲んだ。

そんな最中の六月、石橋は東久邇稔彦、片山哲とともに首相経験者三人で岸首相に面会。猛烈な世論の反発を踏まえ、新安保に反対し、説得を試みたが、岸は「国会周辺は騒がしいが、銀座や後楽園球場はいつも通りである。私には『声なき声』が聞こえる」との〝迷い〟を披露し、聞く耳をもたなかった。結局、岸内閣は混乱の責任を取って総辞職する。

(二) ソ連訪問

首相退陣後の石橋が関係構築に尽力したのは日中だけではない。そのリーダーシップをみせたのは日本とソ連との関係でも同様である。石橋は岸内閣が倒れ、池田内閣が成立してから、日ソ協会会長に就任した。一九六一年初頭、初めての訪ソを決意したが、精密検査で心臓動脈に異常がみられ、長旅を控えるべきと医師から診断され、延期を余儀なくされた。この頃、発表したのが「『日中米ソ平和同盟』の提唱」である。米ソ冷戦構造の解消に向けて日本がその架け橋となることを訴えた。まさに石橋の言論・政治活動の集大成ともいえる主張であった。時間が経過するが、二〇〇三年から二〇〇七年にかけて北朝鮮の核開発問題の解決策を協議する「六カ国協議(六者会合)」がこの日本、中国、米国、ロシア(ソ連)四カ国に、韓国、北朝鮮を加える形で開かれたが、石橋の提唱は相当に時代を先取りしていたといえる。もちろん時代背景や国際情勢は異なるものの、東アジア、ひいては世界の安定のためには日中米ソ(ロ)四カ国の協調が欠かせないとの先見の明をもっていたわけである。

石橋は外遊が可能となるよう体調回復に努めた。その結果、一九六三年五月に訪ソの意向を固め、ソ連のニキータ・フルシチョフ首相からも了解を得ていた。九月、日本工業展覧会の総裁として再び訪中する。この機に中国からの帰路でそのままソ連に向かおうとしたものの、親中派の重鎮松村謙三の反対や池田首相の意向を踏まえ、取りやめた。一方で、一一月に行われた第三〇回衆議院選挙で、四万七千票を獲得しながらも落選した。自民党は河野一郎の元秘書官だった木部佳昭を新たに公認し、定数五の選挙区で自民党公認候補者四人が争う構図で、石橋が次点で涙をのんだ。そのまま政界を引退する。

それでもなお、石橋は落選を気に掛けず、政治活動を続ける。翌一九六四年五月には中国との貿易促進を目的に設立された日本国際貿易促進協会の第三代会長に就任する。その後、同年九月、八〇歳で念願の訪ソを果たす。九月一二日から一〇月三日までの三週間。全ソ商業会議所会頭でソ日協会会長のネステロフらから歓待を受けた。東京で日ソ経済人会議を開催することを決定した。だが、フルシチョフ首相との面談を望んだがかなわなかった。フルシチョフが失脚したことを知ったのは石橋が日本に帰国してからだった。石橋は日中関係に続き、日ソ関係の構築にも奮闘したものの、具体的な成果を挙げることはできなかった。石橋の意に反し、中ソ関係は悪化し、一九六五年二月に米国がベトナム戦争に本格的に介入すると、米中関係も険悪になる。中国では文化大革命が起こり、皮肉なことに石橋が構想した「日中米ソ平和同盟」とは全く異なる世界情勢が展開されることになる。

石橋は晩年までその情熱を外交問題に傾ける。一九六五年一月、就任直後の佐藤栄作首相と官邸で面会し、北朝鮮との関係改善のため自ら北朝鮮を訪問する計画を伝達した。実現できなかったものの、元首相の立場でできるあらゆることを考えていた。一方で日米関係については、公職追放はじめ米国との「因縁」を考えれば、取り立てて外交的な成果を残せていない。

石橋は一九六六年二月、手足の痺れから聖路加病院に入院する。主治医は日野原重明医師だった。その後、療養生活に入る。一九五二年に立正大学学長に就任したが、一九六八年には退任し、一切の公職から引退した。一九七〇年には再び肺炎で聖路加病院に入院し、その後は鎌倉の娘宅や東京都内の自宅で療養する。一九七二年、田中角栄政権の下で日中国交正常化が実現することとなった。田中首相は同年九月、中国出発前に、病床にあった石橋を見舞った。田中訪中の結果、日中国交正常化が成立すると、石橋は祝賀メッセージを発表した。その後は病状が悪化し、一九七三年四月二五日午前五時、脳梗塞のため自宅で死去した。享年八八だった。

石橋の功績とは何だったのか。確かに現職の首相、自民党総裁として成し遂げたことはほとんどない。しかし、冒頭でも触れた通り、単なる在職期間だけでリーダーの評価を決めるべきではない。もちろん、長年にわたり時間をかけて取り組めば結果を出せることがあるだろう。一方、あらゆる長期政権は腐敗するとされる。憲政史上最長となった第二次安倍晋三政権の実績をすべて否定するつもりはないが、集団的自衛権の行使を可能とした安全保障法制や特定秘密保護法、共謀罪などを成立させた。戦後日本が保ってきた「タガ」が外れ、権力の野放図な状況はその後の菅義偉政権、現在の岸田政権にも通底している。

それとは真逆の思想を訴え、先の大戦の過ちを二度と繰り返さないため、「良心」を存分に発揮していたのが石橋だったのではないか。「日本社会の松明の役を果たしていた」（保阪　二〇二一：二八〇）との評価がある。もちろん、政治において最も重要なことは「結果」である。志半ばで病に倒れたとはいえ、石橋が現職の首相、自民党総裁として事をなしえなかったことは批判されてしかるべきだ。いくら言論、思想で戦後民主主義に影響を与えたとはいえ、結果としての実績は乏しい。否、ほぼ皆無である。ただ、そのことだけで石橋の評価を定めるのは早計である。今の日本が置かれた安全保障環境は軍備増強が甚だしい中国やウクライナ侵攻を断行したロシアによって厳しさを増しているのは一面の事実ではあろう。今後、さらに世界情勢が緊迫し、日本が進む方向が今までのそれと違った際に石橋の持論が批判されることがあるかもしれない。それでも石橋の足跡から、今こそ学ぶべきことは何なのかを考えなければいけない。それは対話をやめてはいけない、ということではなかろうか。首相退陣後にリーダーシップを発揮し、日中・日ロ関係の構築に汗を流した石橋が残した教訓といえよう。「小日本主義」「徹底した平和主義」。今だからこそ考えるべき遺訓を残したことは間違いなく石橋の功績である。

参考文献

石田博英(一九八五)『石橋政権・七十一日』行政問題研究所出版局。

石橋湛山(一九七四)『湛山日記―昭和二〇―三一年―』石橋湛山記念財団。

石橋湛山(一九八五)『湛山回想』岩波書店。

石橋湛山(一九九四)『湛山座談』岩波書店。

石橋湛山全集編纂委員会(一九七〇～七二)『石橋湛山全集』(全一五巻)、東洋経済新報社。

上田美和(二〇一二)『石橋湛山論―言論と行動―』吉川弘文館。

姜克實(二〇一四)『石橋湛山』吉川弘文館。

長幸男(二〇〇九)『石橋湛山の経済思想』東洋経済新報社。

田中秀征(二〇〇四)『日本リベラルと石橋湛山―いま政治が必要としていること―』講談社。

筒井清忠(一九八六)『石橋湛山―一自由主義政治家の軌跡―』中央公論社。

半藤一利(二〇一九)『戦う石橋湛山』筑摩書房。

保阪正康(二〇二一)『石橋湛山の65日』東洋経済新報社。

増田弘(一九九五)『石橋湛山―リベラリストの真髄―』中央公論新社。

松尾尊兊編・石橋湛山(一九八四)『石橋湛山評論集』岩波書店。

第六章　岸信介（第三代総裁）
――ナショナリズムとリーダーシップ――

問題の所在

岸信介は、戦後日本政治に大きな政治的レガシーを残している。たとえば自由民主党を結党に向かわせ五五年体制の立役者となったこと、あるいは自民党第三代総裁ながら「事実上、最初の総裁」として強力な指導力を発揮し、安保改定によって日米関係やアジアとの関係性の骨格を組みあげたことなどであろう。それらを作り出すエネルギーの源泉となっているのは岸の「反共／強国化ナショナリズム」にあると考えられる。本章では、かような岸のナショナリズムとそれと連関する政治的レガシーがいかに現実政治にあらわれ、時代を動かしていったのかを概観するものである。

第一節　出生から国会議員となるまで

（一）　生い立ち

岸の墓所は二つある。一つは郷里の山口県田布施町に、いまひとつは晩年を過ごした静岡県御殿場市である。岸は一八九六年に山口町（現在の山口市）に生まれ、「田舎」という呼称がもっとも適している田布施町に育った。岸の父は、田布施町の岸家から佐藤家の婿養子となった佐藤秀助であった。岸は中学卒業の年に実父秀助の実家である岸家の養子となり、岸姓を名乗った。

故郷の田布施町は、ただの「田舎」ではなかった。近代日本を生み出したナショナリズムの片鱗が残っていた。岸は曽祖父の佐藤信寛を尊敬していた。信寛は維新前に吉田松陰と交わっており、伊藤博文や井上馨、木戸孝允といった維新の志士とも深い交友関係にあった。信寛はのちに島根県令となる。岸は、吉田の思想や維新という政治的ダイナミズムのなかをくぐり抜けた信寛へ畏敬の念をもった（岸 一九八三a：一四―一五）。岸は叔父の佐藤松介の支援で難関岡山中学に入学し、松介急逝ののちは山口中学へ転校し、早々に首席となる。成績優秀のまま、一四年に旧制第一高等学校に合格した。

一九一七年には東京帝国大学法学部に入学し、第一学年ではのちに民法学者となる我妻栄と同点首席となるほど優秀であった。帝大法科の学生であった岸は当時帝大の民本主義の風潮になびかず、上杉慎吉の人格と学説に傾倒していった。上杉の影響で国家主義的団体である木曜会（のち興国同志会）に入った。ただしその後、岸は森戸事件での興国同志会による糾弾会に反対し脱会している。観念的な国体論がしっくりこなかったと回想している（岸 一九八三a：一八七）。

岸が心酔したのはより社会科学的な国家主義であった。帝大時代に大きな影響を受けたのは北一輝であったという。岸は当時、ごく限られた支持者に読まれていた北の『国家改造案原理大綱』を入手し、徹夜で筆記したという（岸 一九八三a：一八四―一八六）[1]。秀才岸はおそらく北を正確に読み取っていたはずである。北の国体のイデオロギー機能を活用したメカニカルな国家社会主義構想に大きな可能性をみていたのであろう。岸の強力なナショナリズムと国家社会主義への指向性はもちろん時代のなかで修正されていくが、この後も基本的には堅持されたとみられる。

（二） 農商務省

岸は一九二〇年に帝大を卒業し、農商務省へ入省した。岸は原彬久のインタビューのなかで、政治家志望であるからこそ、まずは農商務省へ入ったと答えている。一見、権力から遠いと思われる「経済」こそが「政治の実体」だからだという（原 一九九五：三六―三七）[2]。

さて、岸が就職した農商務省は一九二五年に農林省と商工省とに分離する。商工省に配属された岸は、翌年に欧米視察に出かける。岸はまず米国の生産力や経済的規模の大きさに圧倒される。それゆえに日本のモデルとして米国は適当ではないと判断した。着目したのはドイツであった。ドイツモデルは、そもそも米国のテーラーシステムやフォードシステムなどのマネジメント分野における科学的管理法の流れをくむものだが、生産だけでなく、分配、消費のすべての面にわたって科学的に管理しようとする国家統制経済論へとつながるものであった（原 二〇一四：五一―五五）。ときの浜口雄幸内閣はドイツモデルの産業合理化運動を推進していくことになる。その中心人物は、岸とその上司である吉野信次であった。吉野はかの民本主義の主唱者吉野作造の実弟であった。先駆的な実例がもう一つ存在した。一九二八年よりはじまったソ連の第一次五カ年計画であった（岸 一九八一：一六―一七）。ドイツやソ連がリードするベクトルは国家社会主義を指していた。岸と吉野とは、ともに経済的動態を科学的に管理する国家統制経済を研究し、国家レベルで実装していくことになる。

岸は吉野工務局長の権力を全面的に活用して成果を上げていく。岸は一九三〇年一月には再び欧州視察へ出て、ドイツの産業合理化運動を調査し報告書を提出した。報告書の論旨は自由主義経済の排除とその前提として重要産業に対する国家権力の介入の重要性を指摘し、国家統制経済を展望した。報告書は注目され、翌一九三一年四月には岸が文案を起草した重要産業統制法が公布された（岸 一九八一：一三）。同法は大企業間のカルテル結成を助成する法律で、銑鉄業、セメント業などの一九種を範囲とした。一九三六年五月には自動車製造事業法を定め、トヨタ、日産、いすゞの国産会社の保護育成をはかった。これらの施策に軍も肯定的な評価を与えており、岸は敏腕の革新官僚として注目を浴びた。岸が専門とする国家統制経済政策は国家総力戦体制構築のための主要なパーツであった。すでに岸は一九三五年に工務局長に昇進していた。

広田弘毅内閣が一九三六年三月に成立すると、小川郷太郎が商工相としてのりこんできた。小川は吉野＝岸ラインで商工省が牛耳られていることを快く思っておらず、両者の辞職を策した。これを機として岸は吉野とともに商工省を辞職した。

（三）満洲

岸は、国家統制経済政策や行政手腕について軍より熱い視線を注がれた。岸にしても、満洲は自らの才能と手腕を存分に振るうための格好の場であった。こうして岸は一九三六年一〇月に渡満し、「満洲国」国務院実業部総務司長へ就任する。急激に昇進し一九三七年七月には「満洲国」政府最高首脳である総務庁次長に就任した。上司の総務長官であった星野直樹は、政府の最高位であった国務院総理の次位にあり、事実上、「満洲国」経営の実権を把持していた。岸は星野の補佐役となった。

さて、岸が満洲の地で取り組んだ仕事は、「満洲国」産業開発五カ年計画の実施であった。五カ年計画はソ連をモデルに満洲で本格的な重工業化と資源開発を行い、短期間で一大工業国へと変貌させようとする壮大な計画であった（岸 一九八一：二一）。岸が渡満したころ、計画は実施段階へ入っていた。同計画は鉱工業、農畜産業、交通通信、移民の四部門にわたる経済計画であり、日本の国家予算（たとえば一九三七年の歳出総額は約二七億円）をはるかに超える四九億円を必要とする超巨大プロジェクトであった。一つの国家を一挙に近代産業化しようとする同計画は、一九三七年七月に勃発した日中戦争の開始を推力としてむり押しながら実施される。同計画によって鮎川義介の率いる新興財閥の日産（日本産業株式会社）を満洲に誘致し、国策会社満洲重工業開発会社（満業）の移駐改組として実現する。

少し俯瞰すれば、岸ら国内官僚の受け入れと産業開発五カ年計画の実施などは、関東軍の軍事官僚と満鉄による統治と経営だけではもはやたちゆかず、統治や経営について多角化をはかるとともに、多方面からの資金獲得の必要に迫られた時期であったとみることができる。当時の満洲の実力者を示す「二き三すけ」という呼称がある。「二き」は東条英機（関東軍）と星野（「満洲国」政府最高首脳）を指し、「三すけ」とは松岡洋右（満鉄）、鮎川（満業）、そして岸をさしていた。満洲経営は関東軍と満鉄だけではなくなっていったのである。

ただし、産業開発五カ年計画はうまくいったとはいえない。同計画は飛躍的に満洲の生産力を向上させたものの、日中戦争の激化で軍需生産に傾斜し、設定された数値目標にはとうてい届かず、満業も外資導入が困難となった。

岸は一九三九年一〇月に商工省へ戻ることになった。ともあれ岸は満洲で、擬似国家ではあるものの新しい「国家」の巨大な経済計画の実施を経験し、なおかつそれを事実上運営したエリート官僚や関東軍の有力将校との関係を構築することができた。とくに当時関東軍参謀長であった東条との強固な関係はここよりはじまっていた（岸　一九八一：三一―三二）。加えるに、東条や甘粕正彦大佐らの関係は「巨額のカネ」を生み出し、その資金源はアヘンの密売ルートにあったのではないかとの記述もある（原　一九九五：七二―七五）。

（四）戦時下の商工相

岸が商工省へ戻り次官に就任したのは、まさに欧州で第二次世界大戦が始まったころ、日本では阿部信行内閣期であった。岸は他の革新官僚と連携をはじめる。岸も同席した矢次一夫による戦後の回想では、一九三九年の秋に武藤章が軍務局長に就任することをきっかけに、高級軍人や官僚が十数人集まり革新官僚の会をつくり、月曜会と名づけたという（岸　一九八一：三八―三九）。

一九四〇年七月には第二次近衛文麿内閣が成立し、岸は近衛より入閣を打診されたが断り、小林一三商工相のもとで次官を続けた（岸　一九八一：四一）。だが、岸と小林との間はうまくいかなかった。一九四一年四月に企画院調査官が治安維持法違反で逮捕される企画院事件が起こった。小林は、企画院事件にかこつけて企画院の政策に通じ人的関係のある岸を「アカ」と批判し、解任を主張した。岸は抵抗したがやがて辞職した。ところがこの話には後日談がある。武藤軍務局長ら軍当局や革新官僚の岸シンパが小林を攻撃し、小林は吊し上げられ辞任させられた。岸の人脈の大きさを思い知る出来事である（原　一九九五：八四―八六）。

一九四一年一〇月東条内閣が成立した。岸は、東条との密接な関係からついに商工相に就任する。四五歳の若い閣僚であった。岸は省内人事を行い、「岸派」で幹部ポストを固めた（岸　一九八一：五〇―五二）。東条内閣は一九四一年一二月一日に御前会議において開戦を決定した。岸も商工相として対米開戦に副署し、軍需次官兼国務大臣として戦争指導にあたることになる。

岸商工相の仕事は国家統制経済による高度国防国家の完成であった。第一に業種別団体としての統制会の組織化であり、第二に重要物資の貯蔵、配給、管理の統制をはかる重要物資の管理運営であり、第三に国防産業や基礎産業の生産力拡充であり、第四に大東亜共栄圏内の自給自足の達成などであった。とくに統制会の組織化は、重要産業指定規則の制定（一九四一年一〇月）によって鉄鋼、石炭、自動車、貿易など一二業種の組織化に始まり、結局、二三業種という日本の主要産業を網羅する統制経済を創出した。また岸は一九四三年一一月に軍需省を新設している。商工省や企画院を廃止しセクショナリズムを排して軍需生産の効率化を追求するものであった。

だが、一九四四年七月にはサイパン島が陥落し、日本全域は米軍の爆撃圏内に入った。これが岸と東条との対立を表面化させる。というのも後にふれるように岸はサイパン陥落以前より「反東条・倒閣」運動に関わっており、東条内閣を支えつつもそれへの反逆ともとれる行動をとっていたからである。サイパン陥落についての岸の見解は国内の生産施設、ことに軍需工場が攻撃されることが明確になったという点にあり、対米戦争の継続は不可能という判断であった（原　二〇一四：五〇）。東条は内閣改造をもって岸を辞任させようとするが、岸は断固として拒否し、結局「閣内不統一」で総辞職となる。

「反東条・倒閣」運動への関わりについていえば、木戸幸一内大臣をはじめとする宮中の「反東条」派と連携をとっていたことが指摘される（原　一九九五：一〇〇―一〇一）。また岸は、戦局が悪化する前の一九四二年四月の翼賛選挙に現役閣僚のまま翼賛政治体制協議会による推薦候補として山口県より出馬している。岸はこの奇妙なタイミングを捉えて帝国議会に議席を獲得した。東条が結成した翼賛政治会は、東条内閣の瓦解とともに脱党者があいつぎ崩壊の危機に瀕し、一九四五年三月に解消して大日本政治会へ再編された。ところが岸はマジョリティーである大日本政治会へは参加せずに、今度は抗戦派の護国同志会を結成して、東条内閣にかわって成立した小磯国昭内閣の「倒閣」を主張した。同会の主張は「戦争完遂」であり和平工作を進めようとする内閣を倒すことにあった。敗戦まぎわの岸の政治行動は一筋縄では説明がつかない。

第二節　国会議員から総裁になるまで

（一）　巣鴨プリズンでの思索

岸は郷里田布施町で敗戦をむかえた。連合国軍総司令部（ＧＨＱ）はミズーリ号上での降伏式（九月二日）からわずか九日目の九月一一日に岸を逮捕した。岸は真珠湾攻撃を指導した東条元首相、東郷茂徳元外相らとともにＡ級戦争犯罪容疑者となり、巣鴨プリズンに入ったのは一二月八日であった。

巣鴨プリズンでの岸の生活は、『岸信介の回想』の巻末の〈資料編〉に一部公刊された獄中日記において窺い知ることができる。獄中での岸はのちに刊行される幼少期から農商務省に入省するまでを回想した「思ひ出の記」を執筆したり、あるいはフョードル・ミハイロヴィチ・ドストエフスキーの『罪と罰』を英文で読んだり、あるいは毎日の献立を詳細に記録したりしている。読書量は尋常ではなく、その範囲も戦略論から歌集にいたるまで多岐にわたっている[3]。

さて、獄中で「断想録」と題された文章には次のようにある。「大東亜戦争を以て日本の侵略戦争と云ふは許すべからざるところなり」（岸　一九八一：三一二）。「今次戦争の起らざるを得なかった理由、換言すれば此の戦は敵〔飽〕く迄吾等の生活の戦であって、侵略を目的とする一部の者の恣意から起こったものではなくして、日本としては誠に止むを得なかったものであることを千載〔歳〕迄闡明することが開戦当時の閣僚の責任である」。それゆえに岸は死ではなく生き残る道を選んだという。岸の立場は「敵〔飽〕く迄聖戦の意義を明確ならしめねばならぬ」ところにあった（岸　一九八一：三〇三）。

岸にすれば「吾々は過去に於て未だ嘗て所謂侵略戦争を為したるの歴史を有せず」、帝国はただ「聖戦」を戦ったに過ぎなかった。ゆえに「大和民族の此の地上に在る限り炳乎として其の光を発揚せざるべからず」と強力なナショナリズムを燃えあがらせる（岸　一九八一：三一二）。ところが「敗戦日本」では「徹底的に劣勢感圧倒せられ、国民的自覚を喪失した感がある」。帝国のナショナリズムは挫かれ、そのエネルギーは行き場を失っていた。岸は、しからば「敗戦日本の最大急務は国民的矜持の確立にある」と政治的課題を設定した（岸　一九八一：三一六）。問題は「如何にして国民的矜持を恢復せしめるかにあ」った（岸　一九八一：三三六）。大戦を「聖戦」と正当化する帝国のナショナリズムを戦後日本の新しいナショナリズムとして再編しなおすにはどのような国内外の条件をとらえ、いかなる具体策を備えればよいのであろうか。

原の研究によれば、岸は「米ソ協調」の破綻が明らかとなる一九四六年八月ごろより米ソの軋轢が日本再興の好機となることを感じとっていた（原　二〇一四：六二―六三）。一九四八年三月には、米国は反ソ・反共を高く掲げれば掲げるほど、かつて粉砕してしまった「防共障壁」としての日本が再び必要になると確信している（原　一九九五：二六）。

戦中に閣僚として帝国を指揮した岸が次のことを理解していないはずはなかった。戦前期に日本やドイツは、「防共」というポジションを取ることで、ソ連を牽制しつつ、英米からの干渉を防いだり譲歩を引き出すことに一時成功していた。英米資本主義にとって本質的な敵はソ連であり共産主義であるという二〇世紀の国際政治の基本構造を利用していた。世界大戦終結で「ファシズム枢軸国」の排除というレイヤーは引き剥がされ、英米対ソ連／共産主義という基本構造がむきだしとなった。

岸は一九四八年一一月四日の日記において、自身の「第二A級（戦犯）裁判」の行方を心配する一方で、中国が「中共の天下となれば朝鮮は素より東亜全体の赤化である」と危機感をあらわにした。しからば岸は「米国としては一大決意の下に之を打開せねばならぬ」と米国に寄り添い、「中共に当たるべき米国軍は日本に於て義勇兵を募集して之を米国軍隊に編成し米国の装備と其の物資の下に之に当たらしむることが最も有効適切なる方策と考へられる」と記述した（岸　一九八一：三六一）。当時において現実的な対策とはいえないが、ここにある種の変化がみて取れる。岸は内面において、初期の占領政策への反感をもちつつ、政治的に必要である親米というコンプレックスを抱えこんだ。[4]だが、「東亜全体の赤化」という危機感は帝国のナショナリズムを抑え、日本の軍事力の米国への委譲という奇妙な対米協調姿勢を導き出していることである。この後、岸は帝国のナショナリズムを閉じこめ、米国を抱擁することで再軍備や経済成長といったパワーを獲得し、「国民的矜持を恢復」する方法をあみだしていく。いわば迂遠ながら帝国の威信を取り戻す「反共／強国化ナショナリズム」であった。冷戦下の国際政治においてパワーとして活動できる「敗戦日本」のポジションがみえてきたのである。

（二） 政治活動の再開

「逆コース」と表現されるように、一九四八年以降に旧軍人や政治家の追放解除となり、米国の占領政策は冷戦の現出に対応して非軍事化や民主化という言葉に集約される初期政策を転換した。一九四八年一二月、Ａ級戦犯として拘束されたはずの岸は不起訴、無罪放免となって釈放された。

解放された岸は徐々に政治活動を再開する。まずは一九五二年四月に日本再建連盟を結成し保守勢力から社会党右派までを含む一大政党を結党しようと試みた。岸を会長とする日本再建連盟は社会党右派の取り込みに失敗した上に、結成わずか四ヶ月後の吉田茂内閣による「抜き打ち解散」（一九五二年八月）とそれに続く一〇月の総選挙に遭難し、準備が整わずに惨敗に終わった。

ただし、日本再建連盟ではのちの岸にとって重要な政策が表明されている。第一「新しい時代感覚を基準とした政治態勢の実現に向かって政界の更新を期する」、第二「共産主義の侵略を排除し自主外交を堅持して平和国家の建設を期する」、第三「日米経済の提携を深めアジア諸国との通商を密にして産業経済の興隆を期する」、第四「革新政策を推進し農漁山村の振興と中小企業の育成、勤労大衆の福利増進をはかり、民生の安定を期する」、第五「国民の総意にもとづき憲法を改正し独立体制を整備する」との五大政策が掲げられていた（『毎日新聞』一九五二年四月一五日〔東京朝〕：一面）。のちの岸内閣の政策は上記五つとほぼ重なることになる。

（三）政界再編

上記の政治的目標を達成するために、国内の保守勢力を再編し、まとめあげる必要があった。ところが、当時の保守勢力は離合集散を繰り返し多党化の状況になりつつも、吉田率いる「保守本流」という流れがあり、いまひとつはある時期まで鳩山を軸にして集まる「保守傍流」の二つに大別できた。保守勢力の二つの潮流は、保守結集をもくろむ岸らの活動が時代の流れに乗ることで一つの勢力へとまとまりをみせる。その旗印となるのは「独立の完成」であり改憲であった。岸は一九五三年一月、鳩山や重光葵をたずねて保守勢力の協力による改憲と自衛態勢の確立の必要を確認している（『朝日新聞』一九五三年一月二八日〔夕〕：一）。

保守再編の第一階梯は、「保守本流」の首領であった吉田が弾き出されて、日本民主党が成立するまでであろう。五三年三月に「バカヤロウ解散」となり、四月にまたしても総選挙となる。岸は、日本再建連盟の惨敗後、右派社会党への入党を打診するがうまくいかず、一九五三年二月より西独視察へ一ヶ月以上外遊していた。外遊中、実弟の佐藤栄作は当時自由党幹事長であり、兄岸の自由党入党の手続きを済ませていた。岸は帰国後、すぐに総選挙に出馬することとなり、佐藤と同じ山口二区より立候補し第三位で当選を果たした。実に一〇年ぶりに議会へ復帰を果たした（原　一九九五：一五六―一五七）。

しかし、保守勢力はバラバラである上に総選挙で良い結果を出せずにいた。吉田自由党は過半数を大きくわり、改進党も議席を減らした。「バカヤロウ解散」時に自由党を離党した鳩山派・広川弘禅派、すなわち分党派自由党（分自党）も伸び悩んだ。他方で、右派社会党と左派社会党もともに一九五二年総選挙を経て一九五三年総選挙でもさらに躍進した。とくに左派社会党が「抜き打ち解散」時の衆院一六議席に比して議席を三倍増させたことは保守勢力にショックを与えた。保守勢力の退潮と、社会党左右両党の躍進というプレッシャーのなか第五次吉田内閣は少数派政権として出発した。

岸は保守勢力の退潮に対応して、一九五三年七月に自己の機関紙ともいうべき『風声』で次のように述べている。保守勢力は、議会政治運用のために二大政党制をにらんで、一大保守政党に結集し政局安定をはかるべきだと力説した（原 二〇一四：一〇一）。しかも二大政党制は「保守、革新の二つの政党」で構成し、「キャピタリズムとソーシャリズムとの理論闘争」の次元ではなく「現実問題」として社会保険制度を備えた福祉国家を展望し、自由競争一辺倒ではなく一つの計画性をもった経済体制の展望が必要であると主張した（岸 一九五三：九一）。岸は修正資本主義や議会政治に適応し保守合同を主導する見識と実力とを備えつつあった。

ところで、一般的に少数派政権は議会運営のために同じ保守勢力に対し多数派工作をするものである。一九五三年一二月に自由党総務会は、党内に設置する憲法調査会会長の椅子に岸を座らせると決定した。これは「保守本流」と「保守傍流」との歩み寄りであり、一一月の吉田・鳩山会談の結果であった。鳩山の自由党復党とともに、保守合同を主唱する岸が憲法調査会会長に就任したことで、俄然、保守再編への機運は高まる。

岸は、一九五四年一月に『風声』において「眞の独立日本のために」と題し、強大なる政治力を必要とする理由を述べている。第一は占領軍に「押しつけられた（中略）翻訳憲法」を変えること、第二に駐留米軍によってではなく自力による祖国防衛を行うこと、第三に自立経済の確立であった（岸 一九八三b：一〇九）[5]。

保守諸派の間で新党交渉が開始されるが、吉田をリーダーとし続けることへの反発が強かった。自由党幹事長佐藤は「吉田外し」を嫌って新党交渉を打ち切る。保守再編の第一階梯では、自由党の吉田派・緒方派を除外することで一つの塊がうみだされる。その塊をうみだそうとしたのはまさに岸であった。岸は自由党幹部に逆らって「新党結成促進協議会」を旗揚げして事態を仕切りなおそうとする。ポイントはやはり鳩山であった。岸は、吉田より政権の移譲に期待していた鳩山に対し「鳩山新党党首」をもちだすことで吉田より切り離し、同時に保守勢力で根強い反吉田の議員をひきつけた。一九五四年一一月に日本民主党が結党された。同党には三木武吉らを含む改進党、自由党内の岸派と鳩山派、日本自由党が合流した。

民主党結党から一ヵ月後、民主党と社会党左右両党より内閣不信任案が提出され、追い詰められた吉田は内閣を総辞職した。一九五四年一二月にかわって首相となったのは民主党総裁の鳩山であった。鳩山は大人気を博し、「鳩山ブーム」といわれた。一九五五年二月末に総選挙が実施され、鳩山新党である民主党は一二四議席から一八五議席へ躍進し、対して自由党は一八〇議席から一一二議席へと転落した。さらに右派社会党は六一議席から六七議席へ、左派社会党は七四議席から八九議席へ増加し、両社会党合わせて全議席の三分の一を確保した。保守勢力は二分されたままであり、両社会党の議席増で民主党が主要政策と位置づけた改憲は困難となった。さらなる保守合同が必要であった。保守再編は第二階梯へ進む。

そこに弾みをつけたのは三木の車中談の発表である。一九五五年四月に民主党総務会長であった三木は、保守結集の必要を訴え、そのためには鳩山内閣総辞職も民主党解党もありうると発言したことが表沙汰となったのである。また左右に分裂していた社会党の統一が日程にあがってきた。鳩山ブームは左右社会党を脅かし、同年一〇月に社会党統一大会が開かれた。これは保守合同への促進剤の一つとなった。もう一つの促進剤は重光・ダレス会談であろう。同年八月には重光外相のほか岸も渡米し、岸は、ジョン・F・ダレス国務長官との会談に同席した。重光の渡米目的は日米安保条約や行政協定の改定にあったが、これらは一蹴された。ところが、ダレスは岸に対して保守合同について強い期待感をあらわした。ダレスの期待を受けた岸は、帰国後に鳩山へ年内合同を打ちだして事態を進展させようとする。

一九五五年一〇月二七日に新党準備会が発足したが、新党の総裁人事はまたもや難儀であった。自由党吉田派には、鳩山初代総裁への反発があり、総裁公選の見解もあったのである。これらへの妥協策がいわゆる総裁代行委員制である。まず党首公選を延期し、当面総裁職務を担うのが総裁代行委員であった。第二に総裁代行委員には鳩山、緒方竹虎、三木、大野伴睦の四名が就任した。第三に首相を引き続き鳩山とした。総裁代行委員は一一月一五日に岸を新党の幹事長にすえることを決定した。そして同日、自由民主党が成立し、いわゆる五五年体制が成立することになる。

第三節　自民党総裁―岸内閣―

(一)　岸内閣の成立

一九五五年体制の成立によって鳩山内閣は自由民主党を与党とし、一九五六年一〇月に日ソ国交回復を進めた。国連総会では一二月に満場一致によって日本の国連加盟が認められた。一応の目的を達した鳩山内閣は総辞職した。自民党は鳩山内閣退陣後、総裁公選に臨んだ。一九五六年一二月党大会においてわずか七票差で石橋湛山が自民党総裁となった。ところが石橋は、一九五六年末に組閣してすぐに病気となり、一九五七年二月二三日に総辞職した。岸は、石橋の闘病中より首相臨時代理を務めかつ外相であったので、党内の抵抗なく二五日に首相に就任した。岸内閣の始動である。巣鴨プリズンを出て八年と少し、六〇歳であった。

岸は、同年三月二一日には自民党総裁に選出された。初代総裁の鳩山は保守合同のさなかの暫定総裁であり、二代目総裁の石橋は短命総裁だったので、岸は三代目ではあったが、自民党としては事実上「最初の総裁」だったといってもいいすぎではなかろう（北岡　一九九五：七五）。ただし、二代目総裁の石橋は五五年体制成立前に次のように岸を評したことがあった。「岸君は頭もいいし度胸もあるが、官僚的権力主義のところが気にかかる」と心配してみせたという（中村　二〇〇五：七〇）。石橋の指摘が鋭いことは安保闘争で明らかとなる。

岸内閣の大仕事はなんといっても安保改定にあった。岸は石橋内閣の外相に就任した際の一九五六年一二月に記者会見を行い、自由主義国としての立場の堅持とともに対米外交の強化をあげた。さらに、一九五七年二月、衆議院にて「日米関係の合理化」を押し出した。すなわち安保改定へとつながる脈絡である（原　二〇一四：一四三―一四四）。

（二）外交

岸内閣がエネルギーの大半を費やした安保改定は、そもそも日本再建連盟の重要政策である、第一「共産主義の侵略の排除と自由外交の堅持」、第二「日米経済の提携とアジアとの通商」、第三「改憲と独立国家体制の整備」という基本方針に沿うものであった。しかも岸にすれば、現実の外交の場面においても決意せざるをえないものであった。

先述の鳩山内閣時代の重光・ダレス会談では、重光の安保改定の申し入れはあっけなく一蹴された。その状況を目のあたりにした岸は、このとき、日本の防衛態勢の強化とともに「対等な」日米安保条約への改定の必要を感じたという（原　二〇一四：一五三）。ダレスにすれば、日本との対等な相互安保条約の締結は時期尚早であった。というのも第一に日本の憲法が海外派兵を許さない状況で相互安全保障は無理であり、第二にそもそも日本の現有の防衛力は不十分であり、さらに第三にそれらを受け入れる国民的な強い支持がみえないことにあった（原　一九九五：一八六および原　二〇一四：一五二）。しかし、自民党の誕生とそれを与党とする岸内閣の成立はダレスの指摘した問題をいくらか解決するかもしれなかった。

岸は、首相となってまもなくの一九五七年四月よりダグラス・マッカーサー二世駐日大使との予備会談を開始した。岸はもちろん安保改定を提起している。マッカーサー駐日大使は岸の要求に耳をかたむけ、一蹴するどころか、ダレス国務長官に対し条約変更による米国側の利益の重要性まで伝えている。重光の提案時とは雲泥の差である。これより岸首相とマッカーサー駐日大使とのタッグがはじまる。重要なことは米国が日本の中立化を恐れていることにある（原　一九九五：一八九）。「防共障壁」としての日本の存在を失う恐れであった。ゆえに岸の反共のスタンスはますます効力を発揮した。日本国憲法を護って「非武装中立」化を目指そうとする政治勢力が一定程度存在していることは事実だったからだ。これらに対処するのに岸はうってつけのリーダーであった（原　二〇一四：一六一―一六三）。

後にも触れるが岸は訪米前の一九五七年五月には東南アジアには六ヵ国ほど訪問し、「アジアを代表する日本」を演出した（岸　一九八一：二六七）。岸の東南アジア外交は、良好な関係を築いて東南アジアを中立のポジションから反共側へ引き寄せられることや、かつ同地域の開発を進めていくには日本の存在が重要であることが印象付けられた。これも岸流の対米交渉の一環であった。

岸は六月に訪米し、ドワイト・D・アイゼンハワー大統領と会談した。二一日に発表された岸・アイゼンハワー共同声明では「日米新時代」がうたわれた。岸は日米首脳会談において安保改定を提起し、沖縄・小笠原諸島の返還を要求した。沖縄問題について日本の「潜在的主権」を再確認するにとどまったが、条約の再検討には応ずるとの米国側の回答を引きだした。岸は、重光・ダレス会談で一蹴されてから二年もたたないうちに日米安保の再検討の端緒を開いた。一九五八年七月に岸内閣の佐藤蔵相は、マッカーサー駐日大使に会い、共産主義と戦うために自民党への資金援助を要請した。この頃から一九六〇年代にかけて自民党は米CIA（中央情報局）から総計数百万ドルの資金援助を受けていたことが明らかとなった（石川　一九九五：八九―九〇）。岸の狙いどころが日米双方の重要利益となっていた証左となろう。

自民党は、一九五八年五月の総選挙において絶対多数を得たため、総選挙後の党人事や内閣人事では岸の意向が強く反映された。岸の権勢は日米交渉の歯車を回しはじめる。同年八月、岸はマッカーサー駐日大使とのあいだで、部分改定や運用の見直しなどではなく、安保条約を全面改定することに合意した。

岸にすれば安保条約の全面改定のポイントは次の点にあった。第一に駐軍協定ともいうべき内容から双務的な防衛条約に改めること、第二に内乱条項を削除すること、第三に条約の期限を設けること、第四に事前協議制度を作ることであった（原　二〇一四：二四九）。ところが第一について、日本は憲法上の制約で双務的な防衛義務を負うこと、すなわち海外派兵を実行できず、対等な双務条約にはなりえなかった。米国は日本を守り、日本は在日米軍を守るという形で切り抜けるしかなかった。第二に内乱条項については削除に成功し、第三に条約期限については米国の提案にしたがって一〇年の期限を設けた。第四の事前協議制度をめぐってこののち紛糾することになる。しかも第四の事前協議制度などの条約に関わる協定レベルの問題は米国が交渉相手であることに間違いはないが、国内の反対勢力や党内の反岸勢力こそを相手にせねばならなかった。

（三）　国内政治と安保闘争

岸内閣の構成は主流派と反主流派とが明確であった。一九五七年七月には、石橋から引き継いだ内閣を改造した。岸派、佐藤派、河野一郎派、大野派が主流四派であり、石橋内閣の主流派であった石橋派、池田派、三木武夫・松村謙三派が反主流派にまわった。先にも触れた一九五八年五月の総選挙で岸自民党は圧勝し、六月に第二次内閣を編成した。党三役（幹事長、総務会長、政調会長）と副総裁をすべて主流四派で占め、総理を含む一九の閣僚のうち一四のポストをやはり主流四派でおさえ、権勢をほこった（原　二〇一四：二二〇―二二一）。

権力基盤を固めた岸は、一九五八年一〇月に新条約作成のための日米交渉を開始し、同時期に警職法改正にのりだした。岸の警職法改正の狙いは、「暴力…の追放」と事件を未然に防ぐための「予防警察」という二つの機能にあり、それらは不測の事態が起こりかねない安保改定に備えてのことであった（原　二〇一四：二三一、二三四）。政治的犯罪の予防と制止が必要となれば、通しておいたほうがいい法案だった。

ところが警職法改正をめぐっては、大別すれば二つの大きな反対勢力がたちあがってくる。第一は自民党内の反対勢力であり、第二は議会外の国民のなかにある反対運動であった。第一の反対勢力は石橋派、池田派、三木・松村派らの反主流派であった。同年の一二月には自民党総裁選挙繰上げ問題が浮上する。一九五九年一月に繰り上げて総裁選挙を実施したい主流派とそれに反対する反主流派とが対立し、結果、反主流派の三閣僚が辞任するという痛手を負った。

第二の国民のなかの反対運動は、反基地闘争として一九五〇年代に培われてきたものが、一九五五年ごろにはじまる砂川闘争で焦点化した。また、日教組教員をねらった教員の勤務評定は勤評闘争につながっており、岸内閣に対する大衆の反対運動はそもそも盛んであった。そこに岸は警職法改正を放り込んでしまう。反対する人びとは警職法改悪反対国民会議を結成し、国労や炭労を含む労組のストライキや職場大会を行い、参加者は四〇〇万人にも上ったといわれる（原　一九九五：二〇四）。両者の反対で国会審議は動かず、追い詰められた岸は一一月二二日に同改正案を審議未了・廃案とした。警職法改正案は岸内閣をつまずかせ、安保改定作業を中断させた。

岸は、党内の反主流派の攻撃を抑えるために河野の仲介で次期総裁を大野とするという念書を渡した（岸　一九八三b：四五一―四五二）。こうして主流派の再結束をなんとかはかることで総裁選挙繰上げを一九五九年一月に実現し、岸は総裁として再選された。これにともない安保改定作業は再開され、三月から四月までには条約調印を済ませる手はずとなった。ところが、またも反主流派によって行政協定を大幅に改定する必要があるという同時大幅改定論としての反岸運動が起こった。主唱者は河野、池田、三木であった。行政協定は米軍の日本での地位や特権を定めたもので後に日米地位協定となる。岸は行政協定の大幅改定についてもちろん必要だと考えていたが、米国側は「行政協定不変」の原則を持っていたために、新安保条約の締結を優先した（原 二〇一四：二五〇―二五一）。その状況を知った上で反主流派から大幅改定論が叫ばれた。岸は一九五九年三月に藤山愛一郎外相によって行政協定の大幅改定を申し入れた。行政協定の改定は、藤山・マッカーサー間で進められ、同年六月までには形ができた。日米は同じ利益に向かう緊密な協調関係にあったとみられる。

ところが、新条約の締結はまたも停滞した。池田と河野との確執や両者の入閣をめぐって一時停止の状態にあったからだ。一九五九年六月の参院選挙で安定多数をえた岸政権は、党と内閣の改造人事に着手した。説得の結果、河野は入閣を固辞したが、池田を通産相としえた。主要ポストの布陣を俯瞰すれば、佐藤（蔵相）、池田、石井光次郎（党総務会長）ら旧吉田系の要人（「保守本流」）が見事に合流しつつも、安保改定への推進力は保たれた。換言すれば保守勢力の外交路線は、吉田政権時には分裂していたものが徐々に一つに合流してきた姿がみえてくる（北岡 一九九五年：九二）。ここに岸の保守結集は完成したとみることができる。

さて安保改定に関する日米協定は、事前協議における日本の拒否権問題や日米行政協定に代わる地位協定の交渉などで長引いたが、一九六〇年一月初旬に最終妥結に至った。すぐに岸ら全権団はワシントン入りし、一九日に日米新安保条約・地位協定に調印した。その際、米大統領アイゼンハワーより六月一九日に訪日する約束を得た。新安保条約批准を祝うセレモニーの予定がたったのである。

岸はなんとか政権内部あるいは党内の反岸勢力を抑えて日米新安保条約の調印にまでたどり着いた。だが、議会外の反対勢力は気焔をあげていた。警職法改悪反対国民会議で起きたうねりは継承され、今度は「安保反対」という形でさらに激しくなった。社会党などは一九五八年秋ごろより安保改定が危険であることを訴えてきた。一九五九年三月、社会党、総評、原水協など一三四団体で安保条約改定阻止国民会議を組織し、強力な反対運動を展開した。共産党もオブザーバで参加し統一戦線の状況となった。反対運動には政治活動家以外も参加した。一九五九年七月には一〇〇名の学者や評論家が安保問題研究会を作り、岸内閣を批判した。安保と並行して三池闘争などの労働運動も激しさを増していた。

ところが反安保の中心にあった社会党は一九五九年六月の参院選の敗北ののち分裂状態へと陥る。敗北後の党再建の議論は、安保改定をめぐる左右両派の見解の相違を浮き彫りとし、ついに右派の西尾末広派三三名の議員の離党へと発展した。西尾らは民社党を結党し、安保闘争に水をさした(6)。

他方で岸は新安保条約を両議院で通過させ批准する必要に迫られた。アイク(米大統領アイゼンハワー)訪日の予定が一九六〇年六月一九日と決まっており、会期末の五月二六日までに衆参両院を通過せねばならなかった。さらに安全を期して自然承認を想定すれば、最悪でもアイク訪日の三〇日前の五月一九日に衆議院だけは通過していなければならなかった。想定した通り審議は難航した。デッドラインの五月一九日に衆議院議院運営委員会理事会は会期延長を自民党の単独採決によって決定し、ついで安保特別委員会は質疑打ち切りとし、さらに新安保条約、新協定、関係法令の三案を可決する。そして衆議院本会議において会期延長と上記三案について自民党単独で採決を強行した。この五・一九採決は全野党議員欠席のなか五〇〇人の警官を動員し、座り込んでいた社会党議員をけちらし、清瀬一郎衆議院議長を担いで議場入りさせ、なんら審議もせずに強行に採決するという、誰の目にも強権的なものとして映った。五・一九は、国民に対して新安保条約の是非をあらためて問いかけただけでなく、戦後の民主主義を守るか否かという、より普遍的な政治争点を追加してしまった。

五・一九以降、議会外の運動は高揚した。国会には連日一〇数万人のデモの波が押し寄せ、「安保反対!」「岸を倒せ!」のシュプレヒコールがおこった。六月一五日には安保改定阻止第二次実力行使が行われ、全国的な規模で空前の盛り上がりをみせた（中村　二〇〇五：七四）。その夜、全学連主流派は国会突入を試みて機動隊と衝突した。その際に東京大学学生の樺美智子が圧死する事件がおきた。岸はこのような大混乱の中でアイク訪日をあきらめた。六月一九日、三三万人のデモ隊が国会を包囲するなかで新安保条約は参議院の議決を経ないまま自然承認された。岸が首相を辞任したのはその四日後の六月二三日であった。

第四節　岸内閣の経済政策とアジア外交

（一）　福祉国家・経済計画・高度経済成長

岸が安保闘争で首相を辞職するまでを中心に論じてきたが、本節では岸政権による経済政策やアジア外交について補足しておきたい(7)。まずは福祉国家の構築についてである。岸はすでに述べたように福祉国家への志向をもっていた。一九五九年には最低賃金法、健康保険法改正（国民皆保険）、国民年金法をつぎつぎと成立させた。どの法律も重要な福祉国家政策である。以上のような福祉国家政策は、岸の持論である長期経済計画の策定による日本経済の復興プランの一環であった。

岸は、鳩山内閣時代より長期経済計画の策定に積極的であり、計画など「社会主義的」だと敬遠した吉田内閣期とは真っ向から対立するものであった。岸の影響で鳩山内閣は「民生安定第一主義」を掲げていた。さらに一九五四年一二月には経済企画庁が設置され、同庁より翌年一二月には「経済自立計画五カ年計画」が策定された（中村・宮崎二〇〇三：一二九）。

岸内閣期になると一九五七年一二月に「新長期経済計画」が策定される。計画の目的は第一に「極大成長」、第二に「生活水準向上」、第三に「完全雇用」であった。上記目標からは明らかに高度経済成長が意識されていることがわかる。神武景気といわれた一九五五年の実質経済成長率は九・一ポイントもあったが、一九六〇年は安保闘争の混乱の裏面で実は一四・一ポイントを超えていたのである（中村・宮崎　二〇〇三：二一―三）。いわゆる「岩戸景気」である。

同計画はさらに重点政策課題として第一に「産業基盤強化」、第二に「重化学工業化」、第三に「輸出拡大」、第四に「貯蓄増強」を掲げた。上記の課題は岸政権期に現れた特徴的な重点化項目であった。岸内閣はすでに始まっていた重化学工業化をさらに推し進め、重化学工業は高度経済成長の事実上のメインエンジンとなった。これと連動していたのが中小企業政策である。かつての日本再建連盟の重要目標には「革新政策を推進し農漁山村の振興と中小企業の育成、勤労大衆の福利増進をはかり、民生の安定を期する」とあった。鳩山・岸内閣時代には中小企業振興資金法（一九五六）、中小企業団体組織法（一九五七）、中小企業信用保険公庫法（一九五八）を成立させ、加えて中小企業への減税も実施した（中村・宮崎　二〇〇三：一二八）。中小企業はその多くが機械工業を中心とする重化学工業へと移り、大企業の親工場との系列化が進んだ。すなわち重化学工業化する巨大企業を中小企業が支える体制づくりを進めたことになる。さらに鳩山・岸内閣期には新産業の育成についても積極的に取り組まれた。たとえば通産省「合成繊維産業育成対策」（一九五三）、同省「合成樹脂工業の育成について」（一九五五）、同省「機械工業振興臨時措置法」（一九五六）、同省「電子工業振興臨時措置法」（一九五七）などが成立した。岸は農山漁村のことも忘れたわけではなかった。一九五九年四月には岸首相の諮問機関として農林漁業基本問題調査会（会長：東畑精一）が設置され、一九六〇年五月に「農業の基本問題と基本対策」が答申された。岸退陣後の一九六一年六月にそれらをもとに農業基本法が制定された。ただし、以上のような修正資本主義的あるいは福祉国家志向をもった政策は、「社会主義」諸国家を敵とした冷戦下だからこそ必要だったともいえる。

（二） アジア外交

上述のように、岸は米国との関係については良好な協調関係を構築し、安保改定をリードした。ところがアジア政策となると、とくに東アジア諸国との関係においてうまくいったとはいえない。日中の交流は、中華人民共和国成立時の一九四九年より動き出していた。一九五〇年代に入って日中友好協会が成立し、日中民間貿易協定が結ばれた。朝鮮戦争が休戦となったために日中漁業協定の締結、学術文化視察団の訪中も実現した。さらに一九五七年には日中貿易の拡大の要求も手伝って日中国交回復国民会議が発足している。

ところが、同年に岸が蒋介石台湾総統と会談すると、中国の周恩来首相はそれを「中国敵視政策」をとっていると批判した。確かに反共のスタンスを明確にし、米軍を抱擁し再軍備を着々と進める岸内閣は、中国政府よりすれば「中国敵視政策」をとっているとみられた。かように日中関係の雲行きが怪しい状況で、第三次日中貿易協定が一九五七年五月に期限切れとなり、期限切れ後の七月より第四次日中貿易協定のための交渉が開始された。その際、日本側は在日中国通商代表部の国旗掲揚について、国交未回復を理由に中国の国旗掲揚を認めない方針をとった。中国側は第四次日中貿易協定の締結を拒否した。さらに、長崎で右翼青年が中国国旗を引きずり下ろす事件が起こり、この後、中国側は貿易をはじめとするすべての交流事業を全面的にストップした。

岸首相が一九五七年の訪米前後に東南アジアを歴訪したことについてはすでに触れた。訪米前には五月から六月にかけて、ビルマ、インド、台湾など六ヵ国を訪問し、訪米後の一一月には南ベトナム、フィリピン、インドネシアなど九ヵ国を歴訪した。東南アジア開発基金構想や技術研修センターの設置などが提案された。タイや台湾などの反共諸国からは歓迎されたが、ビルマやセイロン、インドなどの中立を主張する諸国は積極的な支持を表さなかった。上述の日中関係の冷え込みをみて中国との関係悪化を避けるためであった。

日韓関係もうまくいったとはいえない。岸内閣は韓国との国交回復をにらんで休止していた日韓会談を再始動させようとした。しかし、「隣接海洋に対する主権線」としての李承晩ラインの設定問題や、李ラインによって抑留した日本漁船員の解放問題、日本在留の退去強制該当者の韓国人の釈放問題についての交渉が難航し、おまけに李政権そのものが倒壊したことで成果を出せなかった。東アジア・東南アジアについての外交においても米国を抱擁する「反共／強国化ナショナリズム」の路線は堅持されたのである。

おわりに

岸は政治的リーダーとして俊才といえるだろう。上述のように時代状況や大きな政治変動を素早く察知し、多数の人びとがフォローしうるような大きな政治的目標を明確に提示できた点に求められるであろう。岸のリーダーシップに追従するフォロワーは国内の保守勢力だけでなく、米国の外交要人をも含むことができよう。岸が自民党第三代総裁ながら「実質的に最初の総裁」といわれるのは、「反共／強国化ナショナリズム」による政治的スキームを開発したからだと考えられる。すなわち、反共の「盟友」として米国の利益に応えようとする言動が、そのまま防衛力を中心として自国を強大化していくことにつながるスキームとなっているのである。上記のようなスキームを駆動させるために必要なのが目標設定、すなわち「反共／強国化ナショナリズム」であり、大きな政治勢力を動員するリーダーシップを創出した。かようなスキームは二一世紀となった現在においても基本的には維持されているとみられる。

だが他方で、政治エリート内部においてもいくらかの反発を招いただけでなく、政治エリート以外の国民的大反発を招いたことも指摘せねばならない。それは岸が多数決の論理に適応しつつも、やはりデモクラシーを一面的に捉えて道具とし、強すぎる指導性によってことを強引に運ぼうとしたことに起因するであろう。上述の石橋の指摘は当たっていたといえよう。ただし、岸は「田舎」の農山漁村の人びとの生活を忘れたわけではなかったであろう。岸に内在した国家社会主義ないしは福祉国家志向はその思いに出発点があるはずである。かつて岸は「田舎」からの政治運動を起こそうと試みたこともある。しかし、その試みは最優先とした米国を巻き込むスキームへは遠すぎる運動であった。俊才岸をもってしても「田舎」は難問であった。

注

(1) 一九一九年に上海で書かれた北の『国家改造案原理大綱』は一九二三年に『日本改造法案大綱』と改題して伏字だらけながら改造社より出版された。岸は「秘密出版」物を読んだと回想しているので、『国家改造案原理大綱』そのものである可能性が高い。

(2) 未公開の獄中日記やメモの類はさしあたり原(一九九五)を参照する。岸に関する文献は参考文献一覧を参照されたい。

(3) 獄中日記は岸(一九八一)に所収されている。他方、「思い出の記」は岸(一九八三a)に収録されている。

(4) 岸は安保改定において駐日米国大使ダグラス・マッカーサー二世とのタッグともいうべき足並みの揃い方をみせるが、二世の叔父にあたるダグラス・マッカーサー元帥には一度も会わなかったと回想している(原 二〇一四:六四)。

(5) 岸(一九八三b)には、『風声』より主要な岸の論考が収録されている。

(6) 岸は回想で戦後日本の二大政党制を担う保守党と革新政党の自己のイメージにおいて、あるべき革新政党のリーダーとして西尾、三輪寿壮、河野蜜、三宅正一などの社会党右派系の面々をあげている(原 二〇一四:二二二―二二四)。

(7) 近年の研究では岸について、高度経済成長との連関より考察するものが増えており、代表的なものとして次のものがあげられる(中村・宮崎 二〇〇三)。同書一〇五頁では当時日本銀行の吉野俊彦は岸について「経済統制」者だとみている。

参考文献

石川真澄（一九九五）『戦後政治史』岩波書店。

北岡伸一（一九九五）『自民党—政権党の38年—』読売新聞社。

岸信介（一九五三）「新保守党論」『改造』三四（六）。

岸信介・矢次一夫・伊藤隆（一九八一）『岸信介の回想』文藝春秋。

岸信介（一九八三ａ）『我が青春—生い立ちの記　思い出の記—』廣済堂出版。

岸信介（一九八三ｂ）『岸信介回顧録—保守合同と安保改定—』廣済堂出版。

中村隆英・宮崎正康（二〇〇三）『岸信介政権と高度成長』東洋経済新報社。

中村政則（二〇〇五）『戦後史』岩波書店。

林茂・辻清明（一九八一）『日本内閣史録』第五巻、第一法規。

原彬久（一九九五）『岸信介—権勢の政治家—』岩波書店。

原彬久編（二〇一四）『岸信介証言録』中央公論新社（毎日新聞社、二〇〇三年底本）。

第七章　池田勇人（第四代総裁）
――所得倍増をもたらした「寛容と忍耐」の実相――

問題の所在

「暴力は民主政治家にとって共通の敵である…私は、目的のために手段を選ばぬ風潮を今後絶対に許さぬことを、皆さんとともに、はっきり誓いたいと存じます」（https://www.youtube.com/watch?v=Bom4ipMOtMk〔二〇二三年五月三日アクセス〕）。これは一九六〇年一〇月、日本社会党の浅沼稲次郎委員長が一七歳の青年に刺殺された際の追悼演説の一節である。登壇者は〝所得倍増計画〟が代名詞の自由民主党第四代総裁、池田勇人である。便利なことにインターネット上ではモノクロながらも池田の動画が幾つか視聴できる。有名な酒豪ゆえか、かなりのダミ声であるが、豪胆・豪放さの裏にどこか育ちの良さも窺える池田の佇まいからは、人を魅了する〝愛嬌〟も感じられ、つい見入ってしまう。日経連で辣腕を振るった桜田武が「ある程度の蛮勇と押しの強さ…池田はその上に何か強い信念のようなものを持っている」と評したように（林　一九六八：二二四）、池田の映像からは陽気さだけでなく、眼光の鋭さと何かを達観した落ち着きのようなものが感じられる。安保改定で激しく動揺した日本国内を収拾し、歴史的な高度経済成長期へと導いた池田のリーダーシップは、〝失われた三〇年〟に苦しむ我々になにを語るか。

第一節　出生から国会議員になるまで

（一）　生い立ちと学生時代

池田は、一八九九年一二月三日、広島県豊田郡吉名村に生まれた（土師　一九六七：一八）。吉名村は一九五六年に竹原町に編入され、さらに二年後には池田が卒業した中学校もある忠海町と合併し現在の竹原市となったが、近隣には新幹線の駅もなければ飛行場もない。父の名は吾一郎、母の名はウメ、五人の姉と三歳上の長兄の次に生誕したのが池田で、子ども七人の末っ子ゆえに愛情豊かに育ったことが彼の人格形成に幸いしたであろうことは想像に難くない（土師　一九六七：二二―二三）。他方で、旧制五高（新制で熊本大学に統合）から京都帝国大学法学部へ進学して在学三年目に高等文官行政試験に合格し、翌一九二五年四月に大蔵省に入省という池田の経歴をみると（藤井　二〇一二：一〇―一一）、現代の我々からすれば相当な学歴エリートに映じる。

ところが、池田は旧制一高（東京大学教養学部に統合）へ合格するために、浪人生を一年経験した後に五高へ進学しているだけでなく、京大へも東京帝国大学を不合格になった結果、進学している（土師　一九六七：二八）。奇しくも旧制五高に同期合格した佐藤栄作は、そのまま五高に入学し、池田の一年先輩となっただけでなく東大法学部へも進学し、高文試験にも一年早く合格して鉄道省へ就職している（衛藤　一九八七：一七―三六）。ちなみに、佐藤の記憶ではナンバースクールの試験は一週間ほど続いたそうで、その間、毎日下宿に帰ってから池田たちと試験の出来について話し合ったという（衛藤　一九八七：一八）。しかし、面白いことに自民党総裁かつ内閣総理大臣に就任したのは池田の方が一足先であった。佐藤の兄は岸信介で長州閥出身であり、親戚には〝吉田学校〟校長の吉田茂までいる。むろん安保闘争で退陣を余儀なくされた岸の後任がその実弟とはいかなかったにせよ、池田はそこまでの地歩をいかに築いたのか。

池田の生家は、はるか上空の航空機からも視認できるほど長大で、代々かなりの土地の名士であったそうで、大地主ゆえの資本をもとにさまざまな事業を手掛けていたという（土師　一九六七：一八―一二三）。池田の大蔵省での初任給は月俸七五円で、これを袋のまま実家に送ったところ、兄は貯金して通帳を神棚に捧げ、倍額の一五〇円を池田に送金してくれたという（林　一九六八：五八）。逸話には事欠かないほど裕福な環境で育った池田の五高時代の仕送りも、なんと一般学生の倍以上で、その上、いざというときのためにその一ヵ月分の生活費と同額の「百円札を胴巻に入れて肌身につけさせていた」とのことである（林　一九六六：三一―三二）。

池田は、金銭の心配なく荒木萬壽夫（後に第一次池田内閣文相）や龍野喜一郎（後に第三次吉田内閣法務政務次官）ら個性的な友人たちに囲まれ、愉快に酒を飲み語らい、囲碁に興じ、試験となると「やま勘の名人」で級友たちにもそれを教えてやったそうである（土師　一九六七：三二）。池田は当時のインテリたちを魅了したマルクス思想や右翼思想とも無縁であったとのことで、きわめて現実主義的でありながらも（藤井　二〇一二：一〇）、実家の厳しい躾により「二日酔いの朝でも下宿の庭に出て祝詞とお経をとなえる」信心深い面もあったという（林　一九六八：一二五）。時に厳格であっても通常に倍する裕福な環境において、よく学びよく遊ぶメリハリある理想的な学生時代を過ごすことができた池田にとっては、多少の挫折は次なる成長のためのバネに過ぎなかったのかもしれない。

（二）　大蔵省入省と大挫折からの復活

大蔵省入省三年目の池田は、一九二七年七月、二七歳で函館税務署長となる（土師　一九六七：三七）。同時期、池田は良縁にも恵まれ、木戸孝允や大久保利通と同じ賞典禄千八百石の広沢真臣直系の孫である直子を妻にむかえている。直子は広沢家の三女であったが、その母は長州五傑山尾庸三の六女で名門木戸家の遠縁にもあたり、くわえて蔵相井上準之助が池田夫妻の媒酌人であったというから（土師　一九六七：三七―三九）、順当にいけばかなりの閨閥が形成されたことであろう。この結婚に限らず池田の人生の節目でいつも世話を焼いてくれた地元代議士の望月圭介も原敬から幹事長に抜擢されるなど、政友会の実力者であった（藤井　二〇一二：一一）。

ところが不幸にして池田は、入省五年目の一九三〇年九月に落葉性天疱瘡という、有効な治療法のない難病に罹患してしまう（土師　一九六七：四三—四四）。発病の前年末には宇都宮税務署長に転じていたため、池田は東京帝国大学の病院で治療を受けることができたが、全身に水疱ができ、かさぶた、血膿の噴出を繰り返し、患部の痛さと痒さで睡眠もままならず、連日発熱にも悩まされたという（土師　一九六七：四五—四六）。職務遂行が困難となった池田は、翌年五月、とうとう休職を命じられる（土師　一九六七：四八）。その上、一九三二年三月には、妻直子が献身的な看病による疲労からか、狭心症となり二七歳の若さで没してしまい、失意の池田は大蔵省へ退職願を提出し、吉名村の実家へ引き取られていった（土師　一九六七：五〇—五二）。

故郷での一族をあげた手篤い看護は約二年続き、母や姉たちとの伊予大島の島四国巡礼の後、池田は復調した（土師　一九六七：五二—六二）。その後、池田は、かつての同僚たちに気まぐれで掛けた電話で復職を勧められ〝幸運〟にも大蔵省へ一九三四年に復帰し、そればかりか、大阪の玉造税務署長となったほぼ同時期、献身的な看病をしてくれた親戚の女性満枝との再婚まで果たしている（土師　一九六七：六三）。信心深く義理堅い母親の反対を押し切り、大恋愛の末、一回りも年下の女性を射止めた池田であったが、その心中は余人の想像を絶するものがあったようである。なんと池田は、その後、満枝夫人との間に生まれた長女に、先妻の名前をそのまま付け、先妻と同じ学習院にまで進学させているのである。後年、池田自身は「これがせめてもの供養のつもりである」などと述べているが（文藝春秋　一九八八：二一八）、幸せの絶頂からどん底に転落した人間が、再び幸せを実感できた時、なにを思うのか。

流行語ともなった池田の決め台詞の一つに「私はウソは申しません」というものがあるが、彼の腹心として活躍した宮沢喜一は、池田がこうした誓いをたてられるのはこの時の凄絶な経験があるからではないかと推測している（林 一九六八：七三）。池田自身も「病気で苦しんだことが大きな修養になったと思っている」「病気によって信念を持ったのか、人間が強くなった」などと回想している（文藝春秋 一九八八：二一八―二一九）。

（三） 大蔵省復帰後の大躍進

一九三四年一二月末、大蔵省に復帰した三四歳の池田は、その後、一足飛びの出世を遂げる（藤井 二〇一二：三〇二）。翌年六月には熊本税務監督局直税部長、さらにその翌年六月には本省へ戻り大蔵事務官主税局勤務となる。翌一九三七年一〇月には一時本省を離れて東京税務監督局直税部長、一年半後の一九三九年四月には本省の主税局経理課長、一九四一年一二月には主税局国税課長と昇進は続き、そして翌年一一月、池田自身が「おれははじめて大蔵大臣になった時もうれしかったけれども、主税局の第一国税課長になった時ほどうれしかったことはない」と憧れたポストに就いた（伊藤 一九八五：二二二）。

この間、池田は三人の娘に恵まれ順風満帆であったが、キャリア官僚にとって真のエリートは一高―東大である。そのうえ池田には闘病四年と数ヵ月の空白もあったため、省内では疎外され、何度も悔しい経験をしたようである（林 一九六八：七七）。しかし、当時の日本は抜き差しならぬ大変な局面にあった次第で、池田が復職する前年には日本の国際連盟脱退、本省主税局に戻る三ヵ月前には二・二六事件、主税局国税課長になるのは真珠湾攻撃の翌日である。蔵相の在任期間も開戦時の賀屋興宣の二年四ヵ月を最後に半年程度で交代という酷い有様であった（土師 一九六七：七六）。池田は「あの頃、俺は税をとることがお国のためになるのだ、と一途に思いこんでいた」と後年語っているが、余計なことに関わらず税務に没頭できたことは僥倖であった（伊藤 一九八五：二二二―二二四）。

この時期の池田は職務を通じて大蔵省の俊才たち、特に六歳下の盟友前尾繁三郎や一〇歳下の大平正芳、黒金泰美らとも固い絆で結ばれた（宮沢はさらに一〇歳下）。また、財閥や大企業が納税者の主力であった時代に、彼らはその監督者として財界の有力者と浅からぬ親交を結べた（土師　一九六七：六九—七〇）。たとえば大日本再生紙の常務水野成夫（後に産経新聞社長）や根津財閥の小林中（後に日本開発銀行初代総裁）らが池田の親友となったが、戦後知己となる同郷の永野重雄（後に新日本製鉄会長）と先述した桜田（後に日清紡績社長）の四人は「池田の四天王」といわれたように、保守政権と財界を結ぶキーマンとして日本の経済発展を牽引した（伊藤　一九八五：二四—二五）。

大蔵省官僚としての池田は、その後一九四四年三月に、東京財務局長に転じ、出世も打ち止めかに思われたが、翌年二月には、復職十年で念願の主税局長に起用され、半年余りで終戦をむかえる（土師　一九六七：七四—七七）。主税局長となった池田は、政府委員として国会へ出る機会も増え、馬場元治や田辺七六といった政界人とも交流し、「僕の念願は、大政党の幹事長になること」などと放言していたという（土師　一九六七：七七）。他方で、その実力ゆえか敗戦後の憂鬱からか、池田は蔵相の津島寿一とも激しくやり合い、陳情に来た作家たちにも「文士も豆腐屋も同じ日本国民だ。納税義務に差別はない」と突っぱねたそうである（林　一九六八：一四八—一四九）。そして、二・一ストがダグラス・マッカーサーの命令で中止された直後の一九四七年二月には、池田は第一次吉田内閣の蔵相石橋湛山に見出され、ついに大蔵事務次官となる。ちなみにこのとき佐藤も運輸事務次官となっているが、吉田と姻戚関係にあった佐藤は、岸が戦犯容疑者でなければ閣僚であったとされている（林　一九六八：二二四—二二六）。

この時、ＧＨＱ（連合国軍総司令部）は、戦時中の日本政府が協力企業に約束していた戦時補償の打ち切りと、戦後処理の財政不足を補うために個人の全財産を課税対象とする財産税の創設を進めていた（藤井　二〇一二：三三—三六）。一方の補償や補助金を前提にした構想は戦前から存在していたため、後者については、池田も実施自体は可能と考えていたが、ＧＨＱの方針はアメを絶ちムチだけをふるう、苛酷なものであった。石橋蔵相は企業が致命的な打撃を受けることを懸念し、経済科学局（ESS）と四ヵ月半にわたって談判を行ったが、結局はマッカーサーに押し切られてしまった（藤井 二〇一二：三六―四一）。石橋は日本国憲法の施行を直前にした一九四七年四月の第二三回衆議院議員総選挙で当選するも、ここでの抵抗が禍し、GHQにより公職追放されてしまう。結果、石橋は老練なる吉田とは決別したが、実直にして忠実なる池田を感動せしめることには大いに成功した（土師 一九六七：八三）。

かくて総議席四六六の三一％（一四四）を獲得して第一党となった社会党は、民主党（一三二）と国民協同党（三一）と連立し、片山哲内閣を成立させた（石川・山口 二〇二一：三八）。政権交代に伴い池田事務次官は辞表を提出したが、行政の停滞と混乱を回避するために次官級の人事を据え置くという社会党の方針により池田も留任されたため、省内の実権は池田が掌握することになった（土師 一九六七：八四―八五）。社会党政権は経済安定本部（安本）を重視し、従来の総合調整機能だけでなく、予算編成の権限など、実施執行の機能まで安本にもたせようとした（土師 一九六七：八四）。蔵相となった矢野庄太郎は一ヵ月ほどで亡くなり、後任の栗栖赳夫は金融の専門家であったため、池田も安本を舞台に熱弁をふるった。先述した永野とは、安本を通じて交友が深まったという（藤井 二〇一二：四二）。

第二節　国会議員になってから総裁になるまで

（一）　衆議院議員への当選と第三次吉田内閣蔵相への就任

一九四八年三月、片山内閣が党内左派の造反で総辞職すると、池田も大蔵省を退官した。その直後、日本自由党と元民主党員からなる民主クラブが合流して民主自由党が結党されると、池田も含めた元次官会議のメンバーはこぞって民自党に入党した。いわゆる吉田学校の生徒には、池田や佐藤、前尾のほか、岡崎勝男（前外務次官）、吉武恵市

(前労働次官)、橋本龍伍(前内閣官房次長)ら二〇数名が名を連ねた(藤井 二〇一二:四二—四四)。その後、同年一〇月に芦田均内閣が昭電事件で総辞職すると、第二次吉田内閣が成立し、同一二月、〝馴れ合い解散〟の後にむかえた翌一九四九年一月の第二四回衆議院選挙で池田らは見事に当選を果たす。民自党の議席数も解散前の一五二から二六九(単独で五八%)に激増した(石川・山口 二〇一一:四三—四六)。

恩人望月の地盤でもあった広島二区から出馬した池田は、地元の熱烈な支持を受けて衆議院議員に当選し、以後も病没するまでの連続七期を首位で当選し続ける(土師 一九六七:九三)。そして池田は初当選の一年生議員でありながら、なんとその翌月には第三次吉田内閣でいきなり蔵相を拝命する。たしかに同内閣では初入閣組は数名いたが、初当選かつ四九歳の若さで(藤井 二〇一二:四九)、大蔵省というきわめて重要な官庁の大臣を任された池田の心中はいかばかりであったか。事務次官の経験者とはいえ、常人の感覚からすればその重圧は想像を絶する(土師 一九六七:八四—八五)。

吉田が池田の起用を決断したのは、一九四八年一二月のGHQの特別指令「経済安定九原則」を着実に実行するためで、経済を苦手とする吉田は、その人選を友人の宮嶋清次郎(日本工業クラブ理事長)に委ねた(土師 一九六七:九四—九五)。日清紡績会長でもある宮嶋は、当初、候補が見当たらず、自身の後継者である桜田に相談した(林 一九六八:二二一—二二三)。すると桜田は同郷の池田を推薦したため、宮嶋自身が一時間ほどかけて池田を口頭試問して適任と判断し、吉田に推挙したという。池田は、宮嶋からの蔵相就任の要請に対し、「そうですか、それでは私に全部おまかせ下されば引受けましょう」(土師 一九六七:二二三)と応じたというから豪胆かつ楽観的というほかない。序列を無視した人事に対しては、当然、民自党内でも反論が起こったが、幹事長の大野伴睦が吉田の依頼を受け、収拾にあたった(藤井 二〇一二:五三)。その際、池田は酒と肴を持参して大野を訪ね、天下国家を語らい大いに意気投合したという。

ちなみに池田は、この蔵相就任時も、先に大蔵省の事務次官に昇進した時も、引き受けるべきか否かを大平に相談したという（藤井 二〇一二：三九、五二）。大平は、次官の際は税の専門家に為替や金融は不得手、蔵相の際は大部屋の苦労も知らずに蔵相になるなど、政府与党のためにも池田自身のためにもならないなどとして、いずれにも反対したという。辛辣というよりは、やはり相互に信頼関係が成立していたからこその忠言といえ、猪突猛進の悪癖があった池田にとっては、信頼できる有能な仲間からの諫言こそが九鼎大呂であったことであろう。

池田蔵相が向き合うこととなった経済安定九原則とは、米国の対日政策の重点が民主化から復興へ移行したことを象徴する政治指針で、日本を経済危機から立ち直らせることで共産主義・全体主義への防壁にしようとするものであった（石川・山口 二〇二一：五二―五三）。つまり、補助金と米国からの援助物資（飢餓から救済するためのガリオア資金・経済復興のためのエロア資金）で成り立っている日本経済を自立させるために、思い切って両者（竹馬の足）をカットしてしまい、結果、国民は窮乏生活に陥ることにはなるが何とかインフレを克服させようとするプランで、具体的には、①経費を極力節約して予算の均衡をはかり、②徴税を促進強化し、③融資を経済復興に限定し、④賃金安定策を確立し、⑤物価統制を強化し、⑥外国為替統制の改善（単一レートの設定）をし、⑦物資割当と配給制度を改善し、⑧主要国産原料と製品を増産し、⑨食糧供出制度を改善するというものであった（土師 一九六七：九八―九九）。

もともとニューディーラーたちが主導権を握っていたGHQの占領政策では、あらゆる物資に公定価格をつける配給制度がとられていた（文藝春秋 一九八八：一一三―一一四）。すべての物資は生産から配給まで政府の管理下にあり、勝手に物資を動かしたり闇価格で取引することは禁じられ、高い生産者価格と低く抑えられた公定価格との差額は、すべて国の補助金で埋めることとなっていた。ところが終戦間もない日本ではあらゆる物資が欠乏していたから、占領軍がどんなに強権をふるおうが闇取引が横行し、物価水準を引き上げてしまうため、賃金をこの水準にあわせようとしてストライキが発生し、物価と賃金が悪循環に陥る。また、第一次吉田内閣以降、傾斜生産方式が採られ、石炭・鉄鋼など重要産業の基幹企業に復興金融金庫から大量の融資がおこなわれたが、その貸出が通貨供給量を増加させ、また競争力の脆弱さから輸出も伸びずインフレを助長していた（藤井　二〇一二：六二）。

（二）　ドッジ・ラインと池田蔵相

この九原則を厳格に実行させるために、米国のハリー・S・トルーマン大統領からの依頼を受け、特別財政顧問という肩書きで来日したのが、ジョセフ・ドッジであった（石川・山口　二〇一一：五二）。ドッジはメッセンジャーボーイからデトロイト銀行の頭取にまで上り詰めた努力家で、西ドイツのインフレ収束と経済再建で実績を示した実力者であった（土師　一九六七：九八）。司令部のニューディーラーに反感をもっていた池田は、補助金の削減には大賛成で、「子供に泳ぎを教えるには、水の中に投げ込むことだ。おぼれそうになったとき助ければよい」などと二人は意気投合したという（宮澤一九九一：一九―二〇）。ところが、折り悪く民自党は、先の選挙の際に減税や千億円の公共投資、取引高税の廃止など、歳出増を見込んだ公約をしてしまっていた（伊藤　一九八五：四二）。ドッジ・ラインに従うならば、当然これらすべての公約を反故にした均衡財政の予算案を組まざるを得ず、当選したばかりの池田蔵相は国内のあちこちから批判を受け、まさしく針のむしろとなってしまった。

先の選挙に勝利した民自党執行部は、公約実現のため、池田蔵相を差し置いて直接総司令部に陳情をおこなったが、ドッジとの交渉は不調に終わった（土師　一九六七：一〇三―一〇四）。さらに、吉田のところへも四、五人の閣僚が集団直訴に及び、池田の面目も丸潰れとなり、一時は辞任かという窮状に陥った（藤井　二〇一二：七二―七三）。ところが、その後、吉田自身が直接、マッカーサー元帥に会いに行き、ドッジ案支持と池田蔵相支持を表明したため、まさしく〝鶴の一声〟で民自党の公約は吹っ飛び、ドッジと池田の均衡財政予算案は実行に移される運びとなった（土師　一九六七：一〇五）。具体的には歳入が約七四一九億円に対し、歳出が約七四一六億円で、差し引き約二億七千万円の黒字であった（大蔵省　一九四九：一五）。減税なし、補助金全廃、公共料金値上げ、国鉄などの公務員二三万人の解雇を断行した代償に〝一ドル三六〇円の単一為替レート〟が実現し、日本は国際経済への復帰を果たした（石川・山口　二〇二一：五二）。これらはインフレ収束だけでなく「経済の復興自立のため」の施策であったとし、池田はその成果につき、蔵相就任からまもなく二年目という一九五一年一月の第一〇回通常国会でつぎのように総括した（大蔵省　一九五一：九）。

僅か一年有余の間に、物価と賃金の悪循環は健全にあとを断ち、生産の復興はめざましく、また貿易も概ね順調な伸張を示しております。たまたま昨年六月、朝鮮動乱の勃発に伴い、世界的な需要増大の影響をうけて、わが国の産業界はとみに活況を呈し、七月には援助輸入を含めてもなお且つ輸出超過を記録するに至り、更に一〇月に入って、鉱工業生産は遂に戦前の水準を突破し、その後も上昇の一途を辿っているのであります。

この間、池田は、政府の施策はディスインフレーションであってデフレではないと強調し、「耐乏の一面、巨大な建設を予定」するものと国民を励まし（大蔵省　一九五〇：二八）、自ら渡米してドッジと直談判したり、いわゆるシャウプ勧告を利用して九〇〇億円余りの減税を盛り込んだ予算案を策定したりするなど辣腕をふるった（藤井　二〇一二：八一）。そうしたなか一九五〇年六月に朝鮮戦争が勃発し、戦争特需が生まれたことで金詰まりと輸出不振による滞貨が解消され、深刻化しつつあった安定恐慌も早期に克服され、日本の産業界は息を吹き返した（林　一九六八：二六二）。

しかし他方で、この時期の池田は、彼のダークサイドの代名詞とでもいうべき〝貧乏人は麦を食え〟発言や〝ヤミをやっている中小企業者の二人や三人、倒産してもかまわない〟といった失言も繰り返している（林　一九六八：二二八―二二九）。その内実は、池田との折衝過程が日本の新聞へ漏れることを総司令部が極度に嫌い、池田が省内に緘口令を敷いたことに起因する（伊藤　一九八五：五〇）。つまり徴税期の三月、ネタに欠乏した記者たちが、単純な池田を怒らせて失言を引きずり出そうと仕組んだ策略であったという。半面これら失言の数々は、当時の日本が直面していた復興再生のための厳しい現実を歯に衣着せず表現した発言ともいえるが、いずれにせよ閣僚が、しかも数度にわたってすべき発言ではなかった。この問題は吉田や民自党（一九五〇年三月に民主党連立派と合流し自由党）の足を引っ張っただけでなく、後述するように後日、再燃して、池田自身をも窮地に追いやることになる（藤井　二〇一二：八四―八九）。

(三)　早期講和と池田蔵相

第三次吉田内閣における池田は、蔵相でありながら外交面でも活躍しており、それは一九五〇年四月に吉田の特使として宮沢秘書官と、吉田の側近白洲次郎を伴って初の渡米を果たしたことによる（林　一九六八：二三五）。その目的とするところは、発足一年を経て過剰な効果が危ぶまれたドッジ・ラインの緩和で、具体的には公務員給与の引上げや輸出振興策として輸出入銀行の創設、減税などをドッジとの直接交渉で勝ち取ることであった。ちなみに、ここでの成果の一つである輸出入銀行の創設（一九五〇年一二月）は、開発銀行や長期信用銀行の創設へと続き、後々、大蔵省高級官僚の天下り先となって、池田派と大蔵省を強く結びつけていく（土師　一九六七：一三八）。

とはいえ、占領下の当時、ＧＨＱの頭越しに堂々と米国政府に直談判をするわけにもいかないため、マッカーサーにも事前に根回しをおこない、三週間にわたる渡米の目的は、表向き米国の財政金融状況や税制、課税状態の実際を研究するためとされた（宮澤　一九九一：二三―二四）。池田一行は、新聞記者にあれこれ勘繰られつつも、ドッジとの信頼関係が幸いし、日程上は毎日見学ばかりでカモフラージュし、「仕事は日曜や、夜やればじゅうぶん間に合う」という配慮のもと交渉を進め、ドッジからも「相当のお土産ができたろう」と評されるほど、首尾は上々であった（文藝春秋　一九八八：一一九）。同行した宮沢によれば、ワシントンには「二人の新聞記者」以外に日本人がおらず、「仕事をしようにも助けてくれる人がなく、池田さんは自分で筆算をやり」、部屋もツイン・ベッドで、日本から持参した四合瓶の日本酒を蛇口をひねったお湯と洗面器でお燗し、福神漬をつまみに、といった状況であったという（宮澤　一九九一：二七―二八）。

この時の池田には外交上、もう一つ秘密の重大使命があり、それは米国との早期講和に向けた吉田の意向を伝えることであった（林　一九六八：二四一）。日本国内では、講和論争、すなわち米英仏など西側諸国との単独講和か、それともソ連など社会主義国も含んだ全面講和かという議論がすでに発生しており、与党は前者、野党は後者という構図が出現していた（石川・山口　二〇二一：五三―五四）。吉田は、ＧＨＱを通さずに、米軍の日本駐留を日本側から提案することで、米国がどのように反応するかを探りたかったようで、これにより日米安全保障条約の基本構想が示された（宮澤　一九九一：二四―二七）。外交経験は皆無に等しい池田がドッジとの信頼関係においてそれを見事に果たしたのである。

ドッジは、日本における米国の軍事的立場を弱めることへの懸念は強いが、米国政府としてはできるだけ早い時期に講和条約を実現できる条件が整うことを願っているとの見解を、あくまで私見として述べた（宮澤　一九九一：三八―三九）。交渉の概要を記したメモを両者のサイン入りで残したところ、これがマッカーサーにも送られ、池田は帰国後に散々な目に遭ってしまう（藤井　二〇一二：一〇八―一〇九）。なんとコートニー・ホイットニー民政局長とウィリアム・F・マーカット経済科学局長からの共同命令として、池田蔵相が渡米の成果を政治的に利用しようとしているのは、礼儀をわきまえぬ行為であると、宮沢秘書官宛ての電報で警告されてしまったのである（宮澤　一九九一：四一―四三）。外遊によるドッジとの直接交渉の成果は、次期参院選でも好材料になるという池田の期待は打ち砕かれ、そのまま無に帰すかというところで、吉田自身が司令部と交渉し、何とかこれらを予算編成に盛り込めたのであった（藤井　二〇一二：九四―九五）。

池田が帰国した翌月、米国国務省の政策顧問ジョン・F・ダレスが来日し、吉田との会談がおこなわれた（宮澤　一九九一：四八）。早期講和論者のダレスは、講和後の日本の再軍備を主張したが、吉田は、たとえば翌一九五一年一月の所信表明演説で「国民の独立自由に対する熱情」と「独立自由愛国的精神の正しき認識とその観念」に欠ける「軍備は、外に対しては侵略主義となり、内においては軍国主義政治となるのは、わが国最近の事実の経過に徴してはなはだ明らか」と論じたように、元来が再軍備には慎重であった（『第十回国会　衆議院会議録　第五号』一九五一年一月二六日）。

ところが、吉田・ドッジ会談の翌日に朝鮮戦争が勃発し、日本の占領政策は急展開を遂げる。開戦から二週間足らずの一九五〇年七月には警察予備隊の創設命令が出され、七万四千人余りの隊員が組織された（石川・山口　二〇一一：五五）。翌年には、中国の人民義勇軍が参戦し、同四月に中国本土への攻撃も辞さないとしたマッカーサーが罷免され、日本を去った。かくて九月には、池田も全権団に名を連ねたサンフランシスコ平和条約が締結され、その数時間後には吉田が一人で署名した日米安全保障条約も締結された。結果、翌一九五二年四月、ついに日本は独立を果たした。

以上、第三次吉田内閣の池田蔵相は経済に外交にと大活躍で、吉田の片腕となった半面、他の閣僚からは恨まれた。日本の民主化と戦後インフレからの脱却という大課題に、講和と独立で一画期を設け、マッカーサーが去り、ドッジ・ラインが使命を終えた以上、吉田首相と池田蔵相のコンビにも同じことがいえた。一九五一年六月に石橋や三木武吉、河野一郎ら、八月に鳩山一郎ら公職追放者の解除が開始されると、反吉田勢力が結集し、保守勢力としての活動をはじめる。占領下では有効であった吉田政治の秘密性・側近性や、池田の均衡財政はもちろん、〝逆コース〟と形容された防衛体制の漸進的な確立も、世論の不満を買いつつあり、鳩山を頂点とする旧勢力に好機が到来しようとしていた(宮澤 一九九一:七一―七二)。

(四) 吉田政権の終焉と放言問題

しかも、かつて池田を大蔵省の事務次官に引き上げてくれた石橋は、鳩山派における経済の専門家として、ドッジ批判から転じ、池田財政も批判するようになっていった(藤井 二〇一二:一三〇―一三一)。建設公債の発行など、資金供給量の増加を目指す積極財政論を展開する石橋に対し、たしかに池田も積極政策への転換を模索していたが、インフレの危険性を心配して物価引き下げを目標とする均衡財政を基調とし、国民の自発的貯蓄による投資を本筋としつつ、通貨増発を伴わない貯蓄国債や減税国債の発行を補完的に主張している点で、積極性において石橋の方が勝っていた(藤井 二〇一二:一三八―一四二)。石橋は、池田の貯蓄国債論を、自分の公債発行論に刺激された窮余の策と批判し、この対立は池田の選挙区へも持ち込まれ「広島合戦」などとも報道された(藤井 二〇一二:一三一)。

こうした情勢を打開するために、一九五二年八月、参議院議長松野鶴平や池田らの策謀により、吉田は〝抜き打ち解散〟に踏み切った。このとき池田は、同九月にメキシコシティで開かれるＩＭＦ(国際通貨基金)総会の準備を平然と進めることで、その直前の解散はないものと周囲に思わせ、カモフラージュに一役買っている（土師　一九六七：一六〇—一六九）。ところが、第二五回衆議院選挙の自由党当選者は、二四二人で過半数は確保したが（五二％）、改選前より四三も議席を失ってしまった（石川・山口　二〇二一：六一—六二）。しかも、選挙後に鳩山派の六四人が党内野党の民主化同盟を結成してしまったため、第四次吉田内閣の政権基盤は累卵がごとき状況になってしまった。選挙では、池田と石橋の財政政策が争点となり、財界は池田財政の転換を求め、鳩山派も池田の蔵相留任に反対したため、池田自らが留任を固辞したという建て前で、池田は通産相への横滑りとなった（藤井　二〇一二：一三五—一三六）。

そこで蒸し返されたのが、一九五〇年三月の中小企業をめぐる池田の放言問題であった。具体的には、一九五二年一一月の衆議院本会議で右派社会党の加藤勘十がこの放言を取り上げ、現在も同じ考えかを確認する質疑をしたところ、池田は、不正なヤミ業者などが「倒産から思い余つて自殺するようなことがあつてお気の毒でございますが、やむを得ないということははつきり申し上げます」と発言してしまったのである（『第十五回国会　衆議院会議録　第七号』一九五二年一一月二七日）。この物議を醸す発言の前後は議場もかなり騒然としていたようで、衆議院副議長の岩本信行は、何度も「静粛に」を連呼している。結果、首相ならぬ通産相に対する不信任案が出され、しかも可決されてしまった（藤井　二〇一二：一四五—一四六）。鳩山派の二五人が欠席したことで野党の票が勝り、七票差での敗北であった（石川・山口　二〇二一：六三）。吉田は、池田の去った内閣を補強するため、官房長官の緒方竹虎を副総理に起用した（藤井　二〇一二：一四七）。

その後、吉田も自身の放言が仇となり、一九五三年三月に〝バカヤロウ解散〟をおこない、自由党は大幅に議席を減らすも、五月には何とか第五次吉田内閣を発足させた（藤井　二〇一二：一四七）。ところが、吉田の自由党は一九九議席で単独過半数に届かず、政権運営には当選者七六名の改進党との調整が必要不可欠となった。そこで、池田は政調会長に抜擢され、GHQではなく政党政治家たちを相手取った調整役を担う（藤井　二〇一二：一四八）。このほか、池田は米国のMSA（相互安全保障法）に基づく対日援助交渉でもウォルター・ロバートソン国務次官補との会談に臨み、一九五四年三月にMSA協定に調印するなど、外交でも活躍した（藤井　二〇一二：一五〇）。

さらに同七月には、池田は佐藤に代わって自由党の幹事長となり、吉田派に有利な党首公選による新党結成を主張し、鳩山の新党代表委員への就任に反対する声明も出している（藤井　二〇一二：一五六―一五七）。しかし、池田の証人喚問も議論された同年一月の造船疑獄以降、吉田政権の劣勢は覆らず、一一月に鳩山を総裁とする日本民主党が結成され、吉田内閣は一二月に総辞職した（藤井　二〇一二：一五一―一六〇）。事ここに至っても政権維持に意欲を燃やし、緒方の更迭と解散総選挙まで主張する吉田を、池田と佐藤は涙ながらに説得したという（藤井　二〇一二：一五九）。

第三節　自由民主党総裁への就任と「桂冠」

（一）　政治結社「宏池会」の形成

池田は吉田政権での活躍により、佐藤を追い抜き、吉田学校の主席に躍り出たが、自由党には緒方副総理という政党政治家の強力なライバルが出現した。緒方は政局安定のため、保守合同による新党結成を構想し、自由党に復帰した石橋と岸、改進党の芦田とも接近し、やがて鳩山をリーダーとする保守合同の新党運動に参入する。池田は、当初、強く反対していた保守合同にも、これを切望する財界の意向を感じてか、賛同するようになっていった（藤井　二〇一二：一六〇―一六一）。一九五五年一〇月に社会党が統一され、翌一一月に自由と民主の両党が合同して自由民主党が結成されると、池田は吉田の了解を得てこれに入党したが（藤井　二〇一二：一六二）、自民党では明らかに非主流派へ転じてしまった。宮沢の回想によれば、池田は「鳩山政権の二年間ほとんど出番がなかった。その間の池田氏は、自分の態勢をととのえることに時間をついやしていた。吉田時代の実績を通じて財界とはすでにつきあいがあり、官僚の間にも池田シンパは少なくなかった」とのことである（宮澤 一九九一：一〇〇）。

元来が友人の多い池田には「派閥の土台」は古くからあったと考えられるが、後援組織が整い始めるのは、第四次吉田内閣の通産相解任後に党人グループが「池田を慰める会」を設け、定期的な会合が開かれるようになった一九五二年頃からとされている（藤井 二〇一二：一五五）。その後、林譲治、益谷秀次、佐藤など吉田の側近も参加して「丙申会」と呼ばれる政策研究会になった。丙申会は正当な吉田派の集まりであったが、鳩山の後任をめぐる岸・石橋・石井光次郎の三つ巴の争いの際に、実兄を支持する佐藤が離脱していった（土師 一九六七：二三〇）。さらに一九五四年には、池田と大蔵省同期入省の学究肌の田村敏雄が「財政研究会」を発足させている（藤井 二〇一二：一六三―一六四）。

二つの組織はメンバーも重複していたが、これらをもとに田村が、法的根拠の曖昧な後援会ではなく、政治資金規正法に基づく政治結社として組織したのが「宏池会」であった（藤井 二〇一二：一六四）。無私無欲な田村は、池田に阿（おもね）ることもなく宏池会の事務局長であり続け、成長理論を唱える優秀な大蔵省の後輩、下村治を見出すと、彼を中心に七人の侍（星野直樹・高橋亀吉・稲葉秀三・伊原隆・平田敬一郎・櫛田光男）と呼ばれる経済通のブレーンたちと〝木曜会〟と呼ばれる研究会を主催するようになった（土師 一九六七：二九〇―二九三）。宮沢によれば、宏池会が生まれたのは一九五七年六月という（宮澤 一九九一：一〇〇）。議員メンバーでは、前尾や大平、黒金、宮沢など大蔵省以来の仲間だけでなく、鈴木善幸や塩見俊二、高橋衛らが宏池会に名を連ねた（土師 一九六七：二九〇）。他にも亥二黒会、一水会、火曜会、末広会など、池田の周辺にはさまざまな会合が存在し、池田派に文殊の知恵や資金を提供した。

この間、池田は、石橋内閣では蔵相に就任し、神武景気を背景に「一千億減税・一千億施策」を掲げるも、肝心の石橋が病により二ヵ月で退陣してしまい頓挫、〝居抜き内閣〟でスタートした続く岸内閣でも、外貨事情の悪化で蔵相を辞任、第二次岸内閣でも国務相で再入閣するも警察官職務執行法の改正問題でまたしても辞任している（土師一九六七：二三八―二五八）。そこでは河野ら党人派政治家たちとの激しい権力闘争や駆け引きが展開されたが、安保改定を目前にした一九五九年六月の第二次岸改造内閣では、吉田の強い勧めもあり、池田は通産相として三度目の入閣を果たし、大騒動のなか、最後まで岸に協力することとなった（藤井　二〇一二：二〇六―二〇八）。

（二）　所得倍増計画の登場

後に池田の看板政策となる所得倍増計画は、一九五九年一月に中山伊知郎の「賃金二倍」を論じたコラムが『読売新聞』（一月三日：五）に掲載されたことに触発され、これを宏池会の下村らが暖めてきた積極政策のキャッチコピーに援用することを思いついた池田が、同年三月に「私の月給二倍論」を『日本経済新聞』（三月九日：一）に寄稿したことが機縁となって世に知られることになる（藤井　二〇一二：二〇八―二一二）。岸首相もこれに注目し、池田通産相のもとでの導入を試みるが、福田赳夫農水相が「生産力倍増十ヵ年計画」を主張するなどしたために紛糾し、経済審議会への諮問に対する答申が出たのは一年後の一九六〇年一一月で、それは次なる池田内閣に対してであった（藤井　二〇一二：二〇八―二一二）。同計画は、その翌月、第二次池田内閣の発足後に「国民所得倍増計画」として閣議決定された（https://www.archives.go.jp/ayumi/kobetsu/s35_1960_03.html〔二〇二三年五月三日アクセス〕）。

その目的は、「速やかに国民総生産を倍増して、雇用の増大による完全雇用の達成をはかり、国民の生活水準を大巾に引き上げる」とし、「農業と非農業間、大企業と中小企業間、地域相互間ならびに所得階層間に存在する生活上および所得上の格差の是正につとめ、もって国民経済と国民生活の均衡ある発展」を期すとされている。そして、留意すべき点として、①農業近代化の推進、②中小企業の近代化、③後進地域の開発促進、④産業の適正配置の推進と公共投資の地域別配分の再検討、⑤世界経済の発展に対する積極的協力をあげている。

同計画を閲覧すると、「一〇年間」と「倍増」という表現が散見しているが、先述した福田の構想は、十年後には必ず国民総生産（GNP）は二倍になるので、むしろ成長を抑制すべきという内容であったのに対し、池田の構想は、十ヵ年という期限を限定すべきではなく、できるだけ早く国民経済を二倍に拡大成長させる政策の方向付けをすべきとしており、むしろ真逆の計画であった（藤井 二〇一二：二一八―二二二）。また、同計画の名称も当初の「月給」という言葉はサラリーマンだけを連想させるとして農業や事業所得も含む「所得倍増」とされたという（宮澤 一九九一：一〇八）。結果、実施から八年後の一九六八年度の国民総生産は二・二五倍となり、目標は余裕をもって達成された（石川・山口 二〇二一：九三）。

所得倍増計画の成功は、日米安保を、非生産的な軍事支出を最小限におさえ、経済成長に専念するための手段とみなす、いわゆる安保効果論をも喚起した（石川・山口 二〇二一：九四―九五）。さらに、戦後の歴代内閣が、吉田＝講和独立、鳩山＝日ソ国交回復、岸＝安保改定といった具合に政治・外交を主題としたのに対し、池田内閣は、経済成長により「自由圏からの信頼と共産圏からの畏敬をうける主体性の確立」をめざし、達成した点において一線を画していた（藤井 二〇一二：二二九―二三二）。しかし、その成功は、「九条＝安保体制」を定着させ、平和と繁栄の代償に、憲法や安保、自衛隊をめぐる問題を放置・先送りさせることにもなった（鈴木 二〇一三：二〇七）。

（三）第一―三次池田内閣の軌跡

岸の後継総裁は、各派閥がしのぎを削る投票による総裁選挙となった。当初は池田・大野・石井・松村謙三・藤山愛一郎の五名が出馬を表明したが、三名に絞られ、岸の応援も得た池田は二四六票、石井が一九六票、藤山四九票となった（藤井　二〇一二：二二八―二二九）。決選投票では池田三〇二票に対し、石井一九四票で圧勝、一九六〇年七月、池田は六〇歳にしてついに第四代自民党総裁、次いで第五八代内閣総理大臣に就任した。以後、池田内閣は①減税、②社会保障、③公共投資を三本柱として経済成長を推進する施策を実施した。

なお、大平は池田の首相就任に際しても、「今度はやりすごした方がいい」と、池田に自重を促したが、池田は、後に首席秘書官となる伊藤昌哉に対し、首相になったら経済政策しかない、「所得倍増でいくんだ」と意気込みを示したという（伊藤　一九八五：一五七―一五八）。大平と宮沢は安保騒動で荒れた世相を慮り、彼らの発案で「寛容と忍耐」をメルクマールに掲げることに決し、池田新内閣はこれまでの池田の政治姿勢とは打って変わって「低姿勢」で政権運営に臨むこととなった（宮澤　一九九一：一一五―一一六）。具体的には、三井三池炭鉱問題を石田博英労相のもと平和裏に解決させたり（藤井　二〇一二：二四三―二四四）、池田自身も庶民とは縁遠いゴルフや芸者遊びをやめたり、野党に対する低姿勢な議会運営を心掛けたりと「寛容と忍耐」を貫いた（土師　一九六七：二六七）。なお、第一次池田内閣では、日本初の女性閣僚として中山マサを厚相に起用している。

その四ヵ月後の同年一一月には第二九回衆議院選挙がおこなわれ、浅沼の弔い選挙となった社会党は一八議席増の一四五議席で快勝、民社党は改選前の四〇議席から一七議席と激減、池田の追悼演説が好評を博した自民党は九議席を増やし、さらに無所属からの入党者も含めて三〇〇議席を獲得した（石川・山口　二〇二一：九二）。その後、第二次池田内閣では三度の内閣改造をおこない、第三次内閣でも一度改造をおこなっているが、中堅議員を中心とする内閣と派閥領袖を取り込んだ「実力者内閣」を交互に組織した点が池田の閣僚人事の特徴といえる（牧原　二〇〇三：一八九）。また、閣僚の交代と同時に、党三役・政調会長・特別委員長を一斉に交代させる手法を採り、派閥均衡人事を原則とした。その結果、金権政治がはびこり、福田の党風刷新懇話会が派閥解消を訴えるはこびとなり、対して池田は三木武夫を委員長に党組織調査会を発足させ、これを牽制した（石川・山口 二〇二一：九七）。

他方、池田内閣の外交面をみてみると、まずもって小坂善太郎外相のもと、米国による対日援助の返還問題で「二〇億五一〇〇万ドルといわれた援助を四億九〇〇〇万ドルまで値切」ることに成功し、「しかも一五年返済で、うち毎年二五〇〇ドルを開発途上国教育・文化交流基金に充てるという破格な好条件」を獲得している（鈴木 一九九一：四七）。そのうえで、一九六一年六月、池田首相は夫人同伴で訪米し、ジョン・F・ケネディ大統領と会談している（宮澤 一九九一：一一六―一一八）。二日間の首脳会談のうち、第二回会談は、大統領専用のヨット、ハニー・フィッツ号でおこなわれ、賓客待遇を受けた池田は日米対等をアピールすることができた。

さらに、池田政権は、韓国の朴正煕政権とも翌一九六二年一一月に無償三億ドル、有償二億ドル、経済協力一億ドルで対日請求権問題を事実上、決着させた（石川・山口 二〇二一：九六）。対中外交では、政経分離方式を進め、同年九月に松村の訪中を認め、周恩来首相との会談が実現し、一一月には廖承志と高碕達之助との間で総合貿易協定（LT貿易）の覚書が調印された。

(四) 総辞職と死

池田内閣の施策により高度成長を遂げた日本は、一九六四年四月、国際収支の悪化を理由にした為替制限が許されないIMF八条国となり、経済協力開発機構（OECD）にも加盟し、先進国の仲間入りをした。同年一〇月、東海道新幹線が開業し、第一八回オリンピック東京大会が開催された。ところが、その閉会式の翌日に池田は退陣を表明した。当時の常識で本人に告知はされなかったが病名は咽頭癌であった。多少なりとも無念さを紛らわすためか、前尾は辞職という言葉は使わず、「桂冠」という婉曲的な表現を用いたという（宮澤 一九九一：一三〇）。

当初、池田は「死ぬ気でやったら辞職しなくともいいのではないか」といい、「いったい誰がこの話を仕組んだのだ」と質問したが、前尾と大平の名前を挙げたら「あの二人なら、まかせることにしよう」と納得したという（林一九六八：五二八）。後任は川島正次郎副総裁と三木幹事長が中心になって話し合われ、形式上は総裁指名により佐藤が次期総裁と決した。翌年三月には、池田の病気は全快と発表されるも、癌は再発し、池田は八月に六五年の生涯を閉じた。その間、池田は、同七月に河野の死と三女の結婚を見届けている。

おわりに

西日本新聞社の政治部記者として池田の知己となり、一九五八年四月以降、秘書として池田に仕え、首相就任後は首席秘書官となった伊藤は、池田を「数字について異常な関心と能力があった」と評し、「予算がこれだけの規模であれば、米価はいくらで、石炭の価格はいくら」「運賃はどうで、そのときの大学出の初任給はいくら」といったことが直感で分かる卓抜した頭脳の持ち主であったと述べている（伊藤　一九八五：一四二）。池田は元来が理数系に強い頭脳の持ち主であったようで「経済のことは池田にお任せ下さい」というのも決め台詞のひとつである。

数字は客観的で説得力はあるが、それだけで人や世の中は容易に動かない。宏池会九代目の会長岸田文雄は、池田には「〝国民の支持はどこにあるか〟という現実的な政治判断、政治家としての鋭い洞察力」があったとし、それゆえ、国民は所得倍増計画を沸き立つほど支持したと述べている（鈴木　二〇一七：二五五―二五六）。岸田が外相時代に同郷の先輩を評した言葉であるが、それはその通りであろう。サンフランシスコ講和会議から帰国後の一九五二年二月に池田はつぎのように語っている（文藝春秋　一九八八：二二〇）。

私は人情大臣といわれた望月先生のような政治家になりたい。人情ばかりではいかんけれども、ほんとうの苦労をすれば、柔かみが出てくるのではあるまいか。また、もっと財政に明るくなって、高橋是清さんのような人間になりたいと思っている。（中略）私がいろいろにいわれるのも、実はひとつは大蔵大臣という地位にいるからで、もしもう少し暢気にやれたならば、非常に違って来ると思う。日本の財政、経済、産業の建直しを何をいわれてもやらねばならぬという気持ちでやって来たから、いろいろにいわれるのも当然であろう。この地位を去って、二、三年も浪人していれば、きっと少しは人間が出来る。それを私は自分自身で期待しているが、池田がものになるように、国民の皆さんが鍛えていただきたい。

池田は自らの信念に向かって突き進み、あちらこちらと衝突して敵をつくってしまう。敵は容赦なく池田を陥れようとするが、池田の豪放さに惹かれた、あるいはその危なっかしさへの老婆心にかられた政官財の優秀なブレーンや友人たちは懸命に池田を支える。宮沢によれば、池田は「自分は頭が悪いから頼むよ」というのが口癖で、いわれたほうは一生懸命で助け、仕事がうまくいくと「どうだ！」と得意そうな顔をしたそうで、「私たち周りもやりがいがある。そんな人徳があった」とのことである（宮澤　一九九一：一三二）。池田に対する〝国民の支持〟は、そのようにして彼に惹かれた酒飲み仲間たちがチーム一丸となって勝ち得たもので、結果、比類なき強大なリーダーシップを発揮できたといってよいであろう。

しかし、そこで生まれた「審議会政治」や「自民党一党優位体制とその中での大蔵省支配」（牧原　二〇〇三：一九〇―一九二）、三者の利害関係で結ばれた政官財の固い結束などは、その後、プレーヤーが変化しても互恵的で強力な金権政治として受け継がれ、それらの一部が公益性・合理性を失い、特殊利益を保護し、ブルシット・ジョブを量産する装置となり果てても残存し続けている。第二次大戦を耐え、その上、戦後復興の占領政策の荒療治を忍耐した終戦直後の世代のように、〝失われた三〇年〟を耐えた我々にも、持続可能な世界を子どもたちに残すために、さらなる忍耐が求められているはずである。しかし、もっか環境問題でも少子化対策でも外国人受入れ政策でも、厳しい忍耐を真摯に求める提言は管見の限り政治家たちの口からは語られない。さしずめ〝手段〟が硬直化し、〝目的〟すら果たせない昨今の風潮を、池田ならばいかなる放言で一蹴してくれるであろうか。

参考文献

石川真澄・山口二郎（二〇二一）『戦後政治史』第四版　岩波書店。
伊藤昌哉（一九八五）『日本宰相列伝㉑　池田勇人』時事通信社。
衛藤瀋吉（一九八七）『日本宰相列伝㉒　佐藤栄作』時事通信社。
大蔵省（一九四九）『財政金融統計月報』創刊号、大蔵財務協会。
大蔵省（一九五〇）『財政金融統計月報』第七号、大蔵財務協会。
大蔵省（一九五一）『財政金融統計月報』第一七号、大蔵財務協会。
鈴木健二（一九九一）『歴代総理、側近の告白―日米「危機」の検証―』毎日新聞社。
鈴木宏尚（二〇一三）『池田政権と高度成長期の日本外交』慶應義塾大学出版会。
鈴木文矢（二〇一七）『池田勇人　ニッポンを創った男』双葉社。
土師二三生（一九六七）『人間　池田勇人』講談社。
林房雄（一九六八）『随筆池田勇人―敗戦と復興の現代史―』サンケイ新聞社出版局。
藤井信幸（二〇一二）『池田勇人―所得倍増でいくんだ―』ミネルヴァ書房。
文藝春秋編（一九八八）『「文藝春秋」にみる昭和史』第二巻　文藝春秋。
牧原出（二〇〇三）「池田勇人」御厨貴編『歴代首相物語』新書館。
宮澤喜一（一九九一）『戦後政治の証言』読売新聞社。

あとがき

まずはじめに、本書刊行の経緯について、述べておきたい。個人的な話で恐縮であるが、二〇二〇年度に入り、編者の浅野は、一九年奉職した札幌大学を離れ、日本大学法学部に移籍することとなった。ちょうど、そのころは、新型コロナウイルス感染症の蔓延が問題視されており、四月七日には、「埼玉県、千葉県、東京都、神奈川県、大阪府、兵庫県及び福岡県の区域」を対象に（「新型コロナウイルス感染症緊急事態宣言」〔https://corona.go.jp/news/pdf/kinkyu-jitai_sengen_0407.pdf（二〇二一年八月二〇日アクセス）〕）、緊急事態宣言が発出された時期であった。当初、「緊急事態措置を実施すべき区域」は上記の七都府県に限定されていたが、一六日には、その対象を「全都道府県の区域とする」とした、「新型コロナウイルス感染症緊急事態宣言の区域変更」がなされるにいたった（「新型コロナウイルス感染症緊急事態宣言の区域変更」〔https://corona.go.jp/news/pdf/kinkyujitaisengen_gaiyou0416.pdf（二〇二一年八月二〇日アクセス）〕）。

このように、新型コロナウイルスの感染状況が注目を集めるなか、本書の執筆者の一人である藤本一美先生からお電話をいただき、その折、「君もそろそろ、編者になって本をつくってはどうか」とのご提案があった。あたらしい職場にいき、Google ClassroomやZoomなど、編者にとって、〝新語・流行語大賞〟ともいうべきことばに悩まされているなか、あらためて、リーダーシップの意味について問いたいとの思いから、考えた企画が、本書というわけである。浅野自身、これまで単著は刊行してきてはいるものの、編著書の出版ははじめての経験である。そのため、全体を通じての語句の統一など、不十分な点が多々あるに違いない。これはひとえに、編者の能力不足であり、今後、増刷などの折に、修正などを加えていきたいと考えている。

さて、ここで、本書の意義についてふれておこう。これまで、歴代内閣総理大臣を網羅する書籍は数多く刊行されてきている。しかしながら、管見のかぎり、歴代自由民主党（自民党）総裁に的をしぼった、研究者らによる著作はみあたらない。なぜ、本書において、自民党総裁に固執するのかというと、第一六代・河野洋平と第二四代・谷垣禎一の二名は自民党総裁にまでのぼりつめながら、内閣総理大臣のポストを手中におさめることができなかったからであり、歴代内閣総理大臣のみをとりあげた著作では、これら二名のリーダーシップを検討することはできない。

加えて、自民党誕生時、それぞれの思惑が交錯し、初代総裁をおかず、四名の総裁代行委員制をしいたが、本書では、これら四名についても検討対象としている点が、きわめてユニークであるといえる。ちなみに、本書であつかった、総裁代行委員の一人である緒方竹虎は、一九五六年一月二八日に死去している。その緒方にかわって、二月一〇日、松野鶴平があらたに総裁代行委員に加わった（自由民主党編　二〇〇六：六六―六七）。それゆえ、本書において、松野についての章ももうけるべきとの声もあろう。しかしながら、自民党のホームページのなかにある、「自民党の歴史」という項目をみると、そこには、「民主・自由党の合同による『自由民主党』は、とりあえず鳩山一郎、緒方竹虎、大野伴睦、三木武吉の四氏を総裁代行委員として、全国民待望のうちに昭和三十年十一月十五日、東京・神田の中央大学講堂において、華々しく結成大会を開き、ここに戦後最大の単一自由民主主義政党として歴史的な発足をみました」とあるだけで（https://www.jimin.jp/aboutus/history/〔二〇二三年八月二〇日アクセス〕）、松野の名は明記されていない。そこで、あえて、本書であつかう総裁代行委員は、緒方に加え、鳩山一郎、大野伴睦、三木武吉の四名のみとしたことを付言しておく。

最後に、出版事情が厳しさを増すなか、今回、複数巻からなる『歴代自民党総裁のリーダーシップ』の刊行をご快諾いただいた学文社には、心から感謝の意を表する次第である。

二〇二三年八月吉日

編著者　浅野　一弘

参考文献

自由民主党編（二〇〇六）『自由民主党五十年史』〔上巻〕自由民主党。

索 引

あ行

か行

さ行

た行

な行

は行

ま行

や行

ら行

わ行

歴代自民党総裁のリーダーシップ　Ⅰ
―総裁代行委員～第四代総裁―

二〇二三年九月二〇日　第一版第一刷発行

◎検印省略

編著者　浅野　一弘

発行所　株式会社　学　文　社
〒一五三-〇〇六四　東京都目黒区下目黒三-六-一
電　話　〇三（三七一五）一五〇一（代）
ＦＡＸ　〇三（三七一五）二〇一二
https://gakubunsha.com

発行者　田中　千津子

乱丁・落丁の場合は本社でお取替えします
定価はカバーに表示

印刷／東光整版印刷株式会社

Printed in Japan

ISBN 978-4-7620-3262-2